政府企業補助 申請教戰手冊

SBIR、CITD、SIIR、IMDP 補助申請成功策略

TGSA 臺灣智庫智策顧問有限公司
創辦人及 CEO
余偵閱 著

速熊文化

目錄

貳 我該如何評估和運用政府補助？

參｜我們的目標與服務堅持

自序

序

自序

感謝這十年來所遇到的任何人事物，感謝我的老婆馨儀與家人、每位員工、客戶、長官與合作夥伴，都是我們的貴人。

本書中所提到的觀念與做法，是多年下來累積的個人經驗。作為申請本補助案參考與建議。

推薦序

序

推薦序

民國 94 年回來家族公司工作 18 年！前面的 15 年習慣關起門來，自已做自己想做的事情，父輩一代不太習慣跟政府往來，因為有太多的規定都是我們不清楚的！

10 年前看著身邊的朋友都一一向政府申請政府補助，申請政府的計畫提升公司的技術與產品，一直猶豫，直到 3 年前我才跨出這一步！因為感覺很難申請到政府的補助，覺得不知道要如何申請？

感謝朋友幫忙介紹，讓我認識到輔導顧問領域頗具知名度的 TGSA 創辦人余偵閔顧問，所以這三年我就比較敢於申請政府的計畫與資源！

這 18 年環境變化的很快，以前認為自己是傳統產業，接到訂單可以順利出貨就好了，但最近客戶的要求越來越高也越來越多了！

一開始要求 ISO-90001，過後要求 IATF16949 客戶來稽核也要確認公司的品質系統是否符合客戶的要求，接著是要求公司的資訊系統確認流程可以正確，降低人為疏失的風險，到現在開始要求 ISO14064-1 與 ESG 等等……

環境一直快速的變遷，為了滿足客戶的需求，公司也需要不斷的投資與開發，為了確保自己的競爭能力已達到企業永續！

這幾年我為了接班與傳承，所以固定每年都會申請政府的資源與補助，藉由每一次的提案，來確認自己的方向是否正確？讓政府的顧問與委員來審視公司體質與能量，藉由每一次的提案讓自己的數位能力與產品競爭力可以提升，藉由每一次的委員建議找到更正確的方向！藉由每一次的提案讓自己可以學得更多，進步得更快！

我非常認同專業的事情交給專業的人來處理！這幾年跟余顧問的合作讓我們學習到很多寶貴的經驗！減少很多浪費的時間！

由於補助申請過程的複雜性和競爭激烈，許多人可能對如何成功申請補助感到困惑和無力。如果您正在尋找一本指南，以幫助您在政府補助案申請中取得成功，那麼這本書絕對是您的不二之選。

這本書是由余顧問將多年的各種補助案撰寫經驗與輔導企業過程實務遇到的問題與解決方案，提供詳細且實用的執行觀念，從創新的本質去思考，規劃補助方案的類型到申請的準備，再到核銷管考與結案。無論您是個人企業家、中小企業家、或是公司委任撰寫企畫的專案經理，這本書都能夠為您提供寶貴的建議。

政府每年都有很多計畫與補助，每年都有新的要求與方向，也因為人力資源必須嚴謹的使用，因此我們還是要把重心放在企業經營與業績的開拓，企業真的需要藉由專業的顧問來協助我們，尤其對中小企業而言。

王文信
如保興業股份有限公司　副董事長

在現代社會中，政府補助方案對企業的發展起著重要的作用。然而，由於補助申請過程的複雜性和競爭激烈，許多人可能對如何成功申請補助感到困惑和無力。如果您正在尋找一本指南，以幫助您在政府補助案申請中取得成功，那麼這本書絕對是您的不二之選。

這本書是由政府補助輔導顧問領域頗具知名度的TGSA總經理余偵閎，將多年的各種補助案撰寫經驗與輔導企業過程實務遇到的問題與解決方案，提供詳細且實用的執行觀念，從創新的本質去思考，規劃補助方案的類型到申請的準備，再到核銷管考與結案。無論您是個人企業家、中小企業家、或是公司委任撰寫企畫的專案經理，這本書都能夠為您提供寶貴的建議。

在這本指南中，您將學習到如何確定適合您需求的補助計劃，以及如何撰寫一份能務實結案的計畫書。書中還介紹常見的補助核銷過程經常遇到的申請錯誤，如何在撰寫企畫時期就避免，以避免這些問題影響到後續順利結案。此外，您還將瞭解如何與相關顧問機構建立有效的合作關係，並在獲得補助後確保資金的合理使用和運營。

本書並不僅僅是一本技術書，它更是一本幫助讀者思考如何透過補助案創業、經營事業的原則性、概念性的書，補助案是政府的德政，但補助案只是手段而非目的。企業發展成長茁壯，才是政府希望透過補助案看到的目標。

林建煌
圓富聯合會計師事務所　會計師

TGSA 智庫公司，精心研究了政府對企業補助案的各個面向，從政策制定到執行，以及補助金的分配和管理。該智庫深入剖析了補助案的目標和目的，可協助企業提出完善的申請補助案件。

本書籍的一大亮點是它提供了對政府補助案有效的深入研究和評估。從核銷反推到計畫撰寫，還細緻分析了可能面臨的挑戰和潛在的負面影響。透過這種全面的分析，讀者將能夠清晰地理解申請政府補助方案的優勢和限制，本書從觀念的闡述，至完成一份完善的計畫書，同時運用政府補助的管理規範，據以建立公司的研發或行銷制度，來提高公司能量，這一整個環節提供相當完整且有跡可循的步驟。

書中也有提到顧問公司應扮演的身分與執行理念，對於企業在選擇顧問公司時，可作為其中的參考與指標。「對的輔導顧問公司」與「撰寫對的計畫申請書」是企業成功申請政府補助案的要因之一，本書對沒有任何申請經驗的企業而言，是一個搭起政府補助案與企業申請的橋樑之一。

個人衷心推薦這本書籍，因為作者願意將累積多年的成功經驗，並將許多執行補助案的經驗與遭遇的問題，鉅細靡遺整理出來，對政府官員、企業家、和學術界與企業合作而言，透過本書的陳述，可以減少諸多因申請政府補助案衍生的問題，提前建立雙方共識，避免計畫終止或減價驗收，提高補助案結案的成功率，為產業的發展做出極大的貢獻。

童冠燁教授
謹識於南臺科技大學

壹

企業補助基本知識與觀念

一、什麼是政府補助

台灣的政府補助

根據經濟部中小企業中央型 SBIR 計畫辦公室所指出，自民國 85 年「經濟暨合作發展組織」(OECD) 發表「知識經濟報告」，提出知識的創新產出與運用已成為國家競爭力及經濟成長的主要驅動力之論點，我國廣大中小企業普遍面臨缺乏技術、人才與資金的困境，經濟部依據立法院科技及資訊委員會決議，自民國 88 年 2 月起，推動執行「小型企業創新研發計畫(原名：鼓勵中小企業開發新技術推動計畫)」(以下簡稱 SBIR 計畫)，以鼓勵中小企業進行產業技術與產品之創新研究，擴大民間研發的投入。

而這一個計畫的目標，在於運用政府政策工具，依中小企業所提之研發計畫提供資源協助，推動中小企業廠商進行產業技術、產品與服務之創新研發計畫，引導中小企業投入研發活動，帶動中小企業研發人才的培育、研發能力的累積，提高我國中小企業技術水準、進而提升我國產業之競爭力及加速傳統產業之轉型與升級。

經統計，SBIR 計畫自 88 年 2 月開始推動至今民國 111 年 10 月底，累計通過執行 8,740 件創新研發計畫，政府補助金額逾 132 億 4,832.5 萬元，並帶動中小企業投入研發經費近 242 億 8,105 萬元，對於提高我國中小企業技術水準、提升我國產業之競爭力、及傳統產業之升級轉型，有相當之助益。

若對於最新的政府補助案需求，可以上經濟部中小企業處網站，便民服務專區，中小企業整合資源中，觀看到相對應之各種中小企業補助案明細。YouTube 上都有相關計畫辦公室的說明影片，因此這個部分本書就不再贅述。

或者每年經濟部會彙整有關中小企業重要輔導措施並編製成「政府輔導資源手冊」，**提供中小企業一般性需求之協助**。不論是經營體質的精益求精者，或者是創業創新的先驅者，皆可適用。透過簡要說明與提供諮詢服務窗口，協助企業瞭解政府資源運用方式，讓中小企業得以穩固經營基礎，提升國際競爭力。

什麼是政府補助？

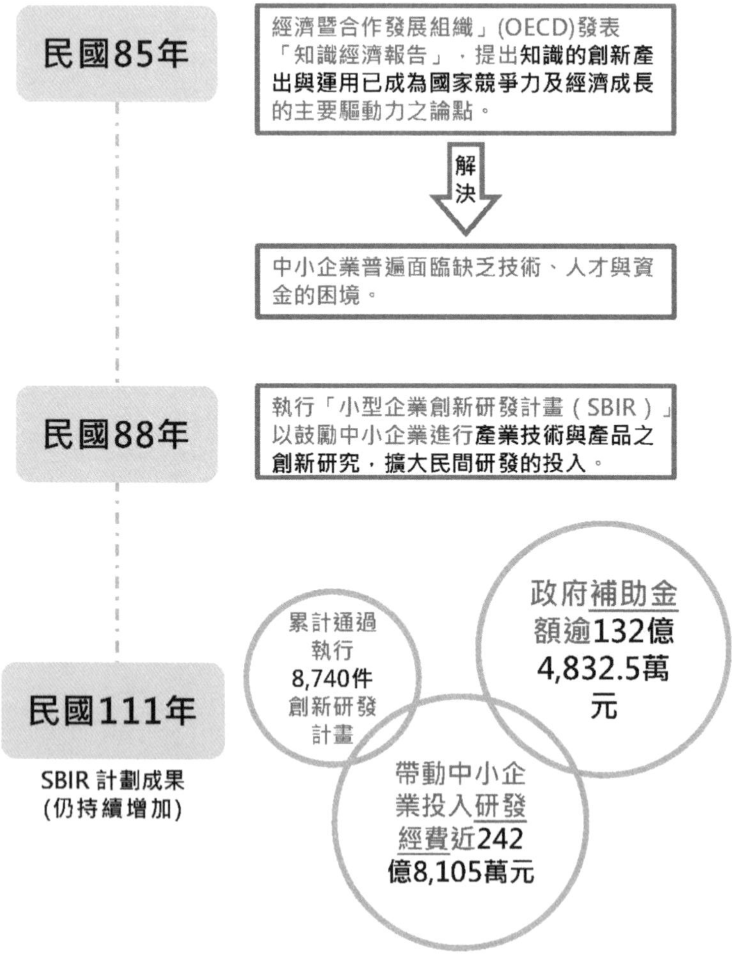
民國85年
經濟暨合作發展組織」(OECD)發表「知識經濟報告」，提出知識的創新產出與運用已成為國家競爭力及經濟成長的主要驅動力之論點。
解決
中小企業普遍面臨缺乏技術、人才與資金的困境。
民國88年
執行「小型企業創新研發計畫（SBIR）」以鼓勵中小企業進行產業技術與產品之創新研究，擴大民間研發的投入。
民國111年
SBIR 計劃成果
(仍持續增加)
累計通過執行8,740件創新研發計畫
政府補助金額逾132億4,832.5萬元
帶動中小企業投入研發經費近242億8,105萬元

▲ 企業政府補助說明圖（每年持續上升）

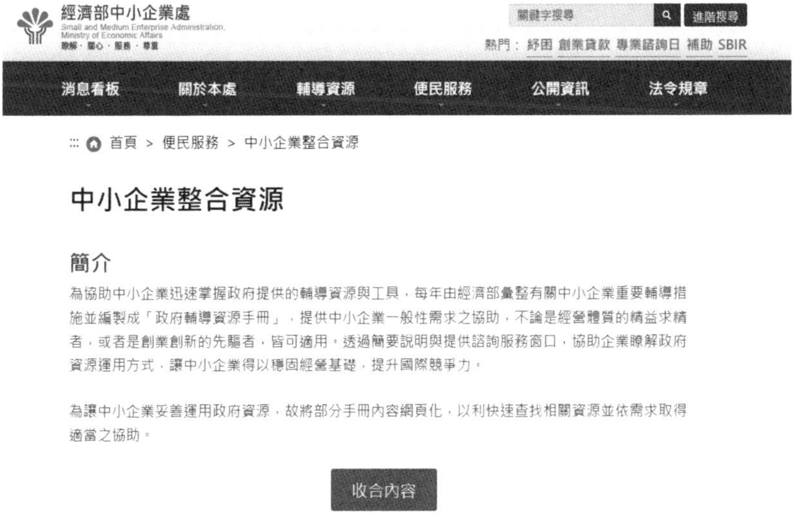
經濟部中小企業處
Small and Medium Enterprise Administration, Ministry of Economic Affairs
瞭解．關心．服務．尊重
關鍵字搜尋
進階搜尋
熱門：紓困 創業貸款 專業諮詢日 補助 SBIR
消息看板
關於本處
輔導資源
便民服務
公開資訊
法令規章
首頁 > 便民服務 > 中小企業整合資源
中小企業整合資源
簡介
為協助中小企業迅速掌握政府提供的輔導資源與工具，每年由經濟部彙整有關中小企業重要輔導措施並編製成「政府輔導資源手冊」，提供中小企業一般性需求之協助，不論是經營體質的精益求精者，或者是創業創新的先驅者，皆可適用。透過簡要說明與提供諮詢服務窗口，協助企業瞭解政府資源運用方式，讓中小企業得以穩固經營基礎，提升國際競爭力。
為讓中小企業妥善運用政府資源，故將部分手冊內容網頁化，以利快速查找相關資源並依需求取得適當之協助。
收合內容

▲ 經濟部中小企業處 - 中小企業整合資源公開畫面

二、我要如何使用這本書

這本書最主要是在幫助各位創業家、企業家，建立申請政府補助案前的重要觀念。評估創新性、過案率、同時為TGSA臺灣智庫智策顧問事業機構內部人員培訓指定用書。若您是自行購買的人士，通常是想要申請企業政府補助，應是創業家或企業家為主，因此以下我分成三種類型做說明：

【A】我是創業家（5人以下）

對您而言，本書可以協助您建立起對於補助案的正確觀念，以及對於政府的協助所抱持的觀念還有態度，畢竟創業成功的本身在團隊的創業家本身，補助只是達到成功的方法而非創業目的。如何有效地爭取政府資源同時與自己本身業務推廣互相平衡，是發展的重點，避免在創業的路上顧此失彼。進而爭取到事業上的成功。

【B】我是中小企業

在政府補助案的中小企業定義：資本額一億元以下，員工人數200以下。

① 5—20人階段

中小企業面臨的問題主要在於成長面臨的瓶頸，這部分癥結點通常都在於公司內部制度不夠完善、相關產品或公司仍在研發、提高技術能量、開始評估導入數位化、ERP、智慧化等設備。產品仍還在研發或在市場販售階段，公司成員偏少，持續國際上拓展品牌與代工知名度，有時公司內部人員流動容易造成個別人員工作量增加，造成業務發展不順，仍需持續發展成長。

② 21—100人階段

規模與能量已經建立起一定市場基礎，且可該公司能為該產業領域之前三名，故在此階段，應著重在擴大產品服務範疇，或是提高生產線數位化、效率，提高良率檢驗等，且在面臨缺工危機狀況下如何因應與克服？

本書所提之觀念與架構，可協助上述 2 個階段，透過政府補助案制度從中建立公司研發或業務體系，打造未來發展的厚實基礎。

【C】我是大公司

大型企業定義：資本額一億元以上，員工人數 200 人以上。

若您是大公司的體系，請確保公司中參與計畫之成員都有相關的計畫執行基礎觀念，確保不同的部門都理解什麼是政府計畫？政府計劃如何核銷？單據資料如何準備？計劃的查核點如何設定同時可有效地執行？公司內部的研究記錄的作業流程為何？等等諸如此類。

建議的做法，過程中必須先行審閱計畫辦公室的原則、會計規章，盤點公司內部的創新標的分工進行的團隊成員、甘特圖、KPI等，在徵得主管同意後，逐條進行執行的步驟。

同時針對開發的可行性也必須要做先期研究，確保專案可順利執行。本書主要針對大型公司內部實際執行人員，有提供實務細節、觀念的講解，以利未來執行更加順利。

目前在台灣淨零碳排、ESG 永續發展等認證，近年中小企業也開始逐年重視，因為時代潮流的趨勢改變，客戶要求需要增加更多的認證。在過程當中如何透過政府的補助案來幫助企業加速落實時代與環境的要求目標，為本書設定的內容方向。

角色使用說明圖

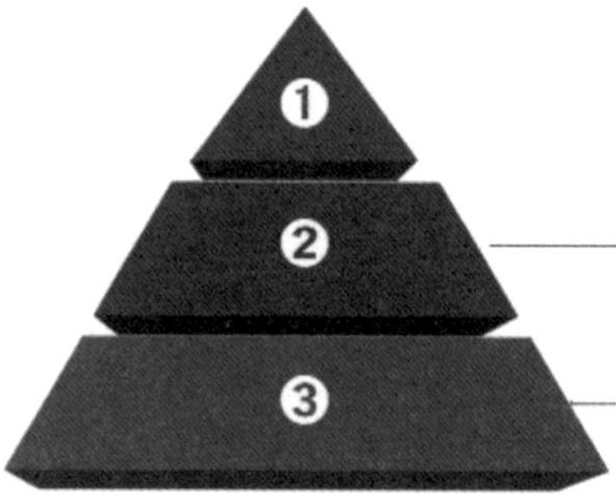

①　我是上市櫃公司

本書是協助您與各部門、隊間,建立起正確的補助案執行觀念、默契，確保專案執行過程中進行分工。

②　我是中小企業

建立公司內部管理、研發制度，並透過補助案過程中加速研發進程，同時建立完善公司制度體系，替未來公司成長做好準備。

③　我是新創事業

透過本書，您可以理解補助案執行的基本觀念還有投入所需的成本。在創業同時，準備補助案的申請之先期研究。

我要如何使用這本書?

創業家

思考
要點與方向

- ✔ 建立補助案重要觀念
- ✔ 建立政府協助所應保持的觀念與態度
- ✔ 如何有效爭取政府資源
- ✔ 避免創業路上顧此失彼

中小企業

中小企業定義：
資本額一億元以下
員工人數200人以下

- ✔ 如何突破目前的成長瓶頸
- ✔ 完善公司內的制度
- ✔ 建立明確的市場策略
- ✔ 獲取淨零碳排、ESG永續發展
- ✔ 如何透過政府的補助案來幫助企業加速落實時代與環境的要求目標

大公司

大型企業定義：
資本額一億元以上
員工人數200人以上

- ✔ 確保不同的部門都理解什麼是政府計畫?
- ✔ 政府計劃如何核銷?單據資料如何準備?
- ✔ 計劃的查核點如何設定同時可有效地執行?
- ✔ 公司內部的研究記錄的作業流程為何?

三、申請政府補助案重要觀念，沒有一筆錢是輕鬆取得的

在申請政府補助時，我們必須先建立一些基本觀念，尤其對政府經費如何使用，更是我們在申請補助前最好需預先規劃好的，避免屆時通過計畫，開心取得補助款，但卻在執行計畫階段經費卻無法核銷，造成計畫管考的困難與不必要的損失。請注意，政府補助若無提到「獎勵金」便需要「核銷」，核銷是需要經過政府指定之會計師事務所把關的，因為「補助款是政府補助企業的經費，也是納稅人的錢。」這些補助企業研發/行銷的款項，政府會對每一分錢做好把關，這也是我們申請補助款須做好計畫期間是否能落實執行、稽核管考的心理準備。

申請政府補助案
重要觀念

"三是、三不是"概念

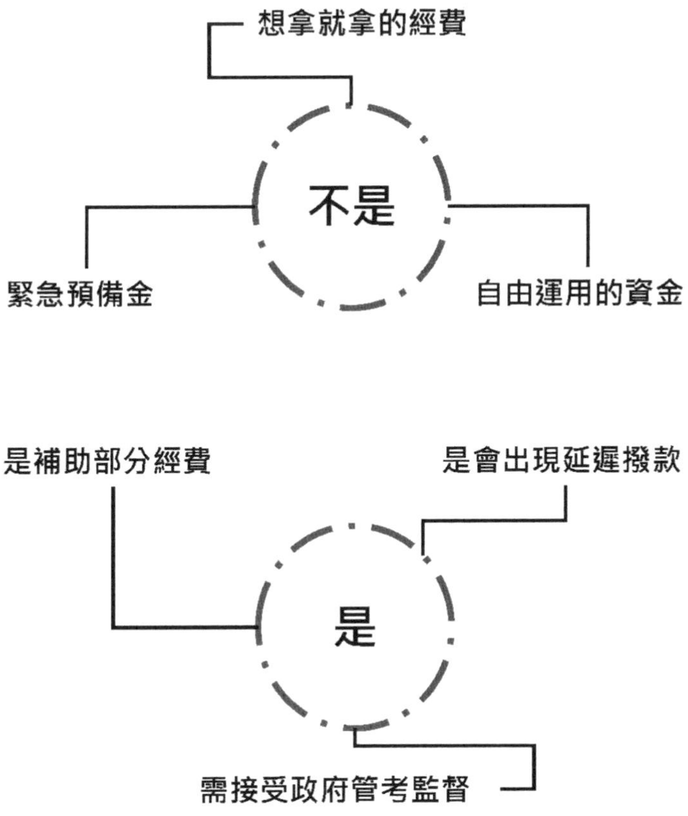
想拿就拿的經費
不是
緊急預備金
自由運用的資金
是補助部分經費
是會出現延遲撥款
是
需接受政府管考監督

【A】政府補助案的 3 個不是

① 政府補助案不是想拿就拿的經費，想要拿就必須了解外部的局勢

▼重點 1：創新標的是否有符合時代趨勢、政府政策？

政府補助案過案的其中一個重點，在於該研發或行銷標的，是否具備產業前瞻性，本計畫執行對這整個產業，是否有典範價值、帶來產業的提升，並符合時代潮流趨勢以及政府方向政策。

有關政府政策方面資料，計畫辦公室的申請須知都會有描述，依照中華民國政府政策白皮書以及國家發展委員會的促進產業發展的方針，例如 5 加 2 產業創新計畫、六大核心戰略產業推動方案、亞洲矽谷 2.0 推動方案等等，2023 年最新的是淨零碳排、企業永續報告書等。關鍵字請搜尋國家發展委員會──精進新創發展環境等，可以理解政府以及委員在選擇通過的補助案的方向。

▼重點2：創新標的與國內外同行相比較，具有明確競爭優勢

在上述的評估後，確認公司研發方針是否與政府執行目標相關，如果有那當然是加分，若沒有也不用灰心。只要您的創新與同產業競爭對手相較下、產業中、國際上是創新技術或產品，仍有機會爭取到委員青睞。

也因為政府研發或行銷型補助，並非齊頭式補助。有其預算限制，也因此補助案沒辦法讓每位申請者都能取得，而是需要從中選擇有研發與行銷能量、是否響應、落實政府及時代潮流政策的企業才能獲得。所以如何去確認自己的創新性是符合政府的目標。或是創新標的物與政府政策建立起關聯性是一大重點。

▼重點3：清楚理解國內外產業趨勢發展，而非閉門造車

另外的重點就是您必須非常清楚您所在的產業生態及現況，您發現到市場上的契機，同時也具備可完成該契機的經驗以及技術能力與團隊，也有清楚明確的執行步驟，還有風險評估，這部分也是一個過案的重要環節

所以在申請政府補助之前，最好要先知己知彼，清楚知道同行、同產業的狀況，若可以，甚至理解從國際局勢到國內狀況，業界的狀態都熟捻。在進行相關的補助申請，會有更高的過案機會。

不是想拿就拿的經費

重點一

創新標的是否有符合時代潮流、政府政策？

是否

- 具備產業前瞻性？
- 對於整個產業，有典範價值、帶來產業提升？
- 符合時代潮流趨勢以及政府的方向政策？

重點二

與國內外同行相比較，具有明確競爭優勢

- 確認自己的新創性符合政府目標
- 嘗試將創新標的物與政府政策建立起關聯性

重點三

理解國內外產業趨勢發展，非閉門造車

是否

- 知道所在產業的生態以及現況與契機？
- 具備完成該契機的經驗與技術團隊？
- 有明確的計劃執行步驟與風險評估？

② 政府補助案不是緊急預備金

許多人在申請研發或行銷的政府補助的時。是把這一筆錢當作應急的資金，或是目前手頭上資金不足、無法周轉，希望透過政府的補助款拿到一筆經費緩解燃眉之急。這種想法與補助案申請的精神相違背，且在申請補助案上會造成一些問題，導致提油救火，問題變得更嚴重。主要原因如下：

▼政府補助採取分期式撥款

因政府補助款，並非一通過後會 100% 全額撥款。是分階段、分期的計畫，把每一個研發的環節都落實完成後才會撥款。且很多種補助，大約有 50% 款項會在計畫結案時間才會撥款。詳見各計畫申請須知。

▼政府補助案時間長

政府補助計劃，動輒 6 個月或是 1 年以上這段期間所做的事情相關產生的發票，已經執行的合約，還有專案執行的查核點的達成、研究記錄簿的撰寫等，諸如此類等等都必須如期、如實做到，最後結案時經委員審查同意後，我們才可以取得尾款以及驗收。

▼政府補助案每期均有變動，累積一年變動幅度會有明顯差異

有些時候，**各位會透過有申請過的朋友分享，去理解什麼是政府補助案，這部分要注意的是，政府補助案每個月、每一期都會根據計畫、會計細則進行調整，調整的部分從申請到計畫通過後的核銷階段，是朝向日益精簡、嚴謹的機制。調整的方向對會計師事務所查核更明確、清楚、簡單，但對企業主而言會計資料的準備必須更明確、完整。不要用在菜市場買菜觀念去跟計畫辦公室或會計師事務所要求，差1、2塊錢想要模糊帶過，這是不會通過的。所以請建立起基本會計觀念。**而且每個政府補助計畫的宗旨、會計細則都不同，承辦會計師事務所也都不同，所以若是朋友的經驗是1-2年內且相同計畫的還可以作為參考，若1年以上的建議，要注意屆時仍會面臨無法核銷或驗收的問題，而且您會發現為什麼以前可以的方式，現在都不行，因為這是計畫細則變動造成的。這部分要特別留意。

因此若仰賴朋友的經驗或片面詢問計畫辦公室，錯誤的計畫查核規劃可能導致通過補助案，結果專案執行成本、花費時間比預期高或時間執行太長。或是過程中與原先的想法理想落差太大，以致於最終計劃遭到減價驗收，甚至被終止執行、放棄計劃。得不償失。

不少客戶都是在這狀況下找我們討論與規劃。

因此，我們建議，在送政府補助案前，必須先調整好觀念與態度，也就是真正要落實研發，同時有系統性方式進行補助案執行，徐圖進取，發展茁壯。並在公司內部建立相關的單據管理、研發執行紀錄等作業，這才是一個可供追蹤、可供驗證並且紮實的研發制度及過程。也有利於公司未來發展茁壯。

不是緊急預備金

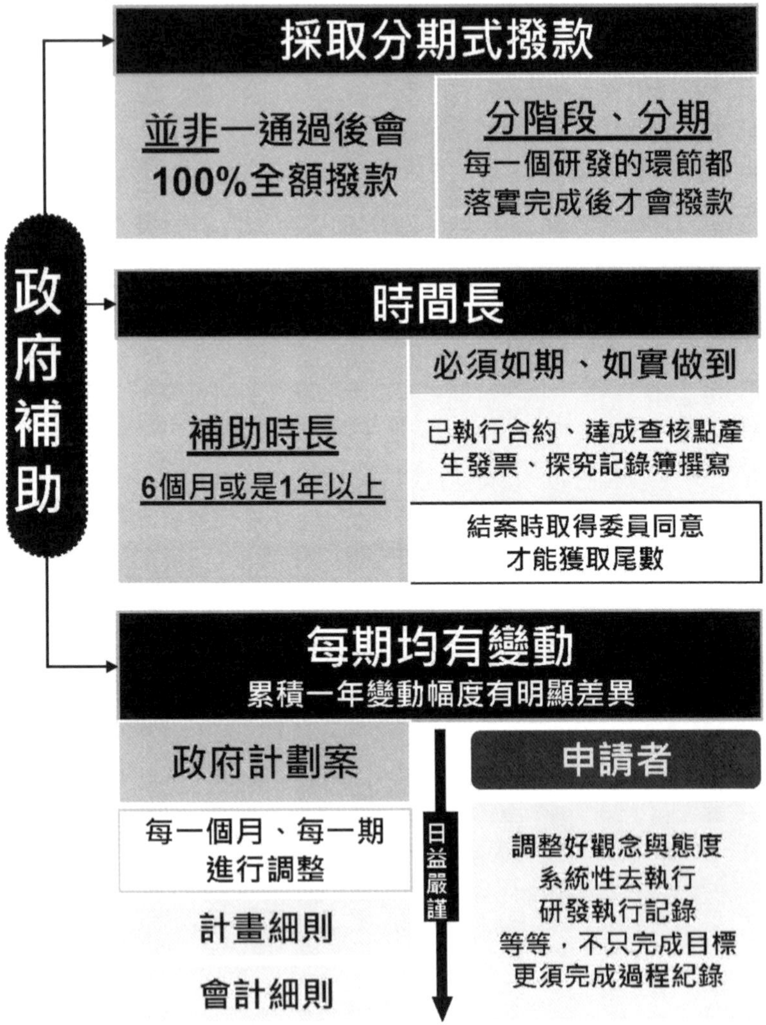
政府補助
採取分期式撥款
並非一通過後會
100%全額撥款
分階段、分期
每一個研發的環節都
落實完成後才會撥款
時間長
補助時長
6個月或是1年以上
必須如期、如實做到
已執行合約、達成查核點產
生發票、探究記錄簿撰寫
結案時取得委員同意
才能獲取尾數
每期均有變動
累積一年變動幅度有明顯差異
政府計劃案
每一個月、每一期
進行調整
計畫細則
會計細則
日益嚴謹
申請者
調整好觀念與態度
系統性去執行
研發執行記錄
等等，不只完成目標
更須完成過程紀錄

③ 政府補助案不是自由運用的資金－錢入專戶仍不建議動支

大部分的政府補助款申請下來，進入專款專戶，仍不能夠自由運用。原因在於計畫是採核銷制度的管考流程。只有在我們核銷事件發生後才可以核銷。若直接貿然提領則會有溢領的情形，導致追朔款項，不可不慎。

我們所謂的政府補助款之預算編列，必須去對應到計劃編列的會計科目，例如人事費占總經費的60%、材料費占總經費的10%-20%、委外費用占總經費的60%等。彼此比例間又有關聯性，有些計畫的會計科目是可以流用、有些不行。因此在申請前建議，根據貴公司預計計劃的執行項目，所花費的成本進行評估與規劃，累積補助經驗持續優化公司內部作業流程。或與我們顧問公司討論，理解相對應之能力比例等等做綜合評估。因為我們會依據客戶的狀況、能量、可行性、創新性等要素做判斷，選擇適合的補助案進行申請。

政府核定一筆經費給我們，在計畫執行過程中，只能夠核銷計劃中所提的單據以及發票、人事費用。**公司取得補助後，不能夠隨心所欲運用這一筆補助款，而是必須依照原先**

所提的計劃過程來花費這一筆經費。

也有許多合作造成的糾紛，例如很多企業並無做好合作前規劃跟評估，導致與財團法人、大學研究單位合作，因原先在申請計劃前沒有談妥，例如後續研發成果所有權的歸屬？後續每年維護費高低？或在通過計畫後因核銷項目之權益認列，產生不少糾紛，也因此最後終止執行，或是放棄專案情況屢見不鮮，不只失去計畫補助，更失去朋友以及未來長期合作的夥伴。

這部分也是我們在輔導客戶時，從原先規劃預判風險以及權利歸屬、多方角色的分工協調、計畫執行設計，我們都必須做這方面風險控管。幫助客戶在送補助案前就已經與委外單位徹底談妥，做好後續結案執行方面的規劃。

這個能力，不是只會寫計劃書就可以，更重要的是累積豐富的執行與協調經驗，同時繳納相當多的學習成本，同時熟捻法人、政府、公司三方之間的運作關係以及個別期望的目標，並理解相關專利或法律規範。這一些都是公司在申請政府補助，以前建議要先評估的事情。而這也是本公司的強項。本公司透過經驗資源的共享，持續學習，確保每位專案經理經驗均可以服務各位客戶。

更值得一提的是，目前我們也在開始累積國際市場推廣的經驗，建立國際部門團隊，輔導該國企業進行政府補助申請，也進行多國促合案協助、例如日本與馬來西亞間的串連。持續累積的經驗，為未來協助台灣客戶在國際市場開拓時，對於未知文化風俗以及需注意落地細節，可以幫助我們的客戶在未來選擇生產、行銷、物流運輸等國際戰略布局時，可以有更豐富的情報做決策。

不是自由運用的資金

只有發生後才能核銷

❶ 大部分政府補助款申請下來，是進入專款專戶，仍不能夠自由運用。

❷ 若直接貿然提領則會有溢領的情形，導致追朔款項，不可不慎。

只可核銷計劃期間提到的費用

只能夠核銷計劃中所提的單據以及發票、人事費用

公司取得補助後，不能夠隨心所欲運用這一筆補助款，而是必須依照原先所提的計劃過程來花費這一筆經費。

對應預算編列

政府補助款之預算編列，必須去對應到計劃編列的會計科目

例如：中央研發補助
人事費占總經費的60%
材料費占總經費的10%-20%
委外費用占總經費的60%等。

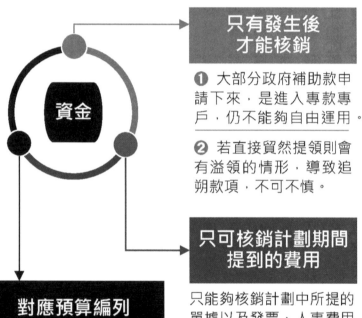

【B】政府補助案的 3 個是

①他是一部分的研發經費。另外一部分要自己準備

政府補助款，主要是需要搭配公司自籌款。兩者相加我們稱之為總經費。補助款的額度會因為我們申請的金額越大，自籌比例占比越高，查核也越嚴謹，例如 5000 萬的計畫，通過的補助款若有 3 成到 4 成就已經是非常好的成績。

而通常總預算中，公司須投入相對應自籌款之相關金額。這也證明公司投入計劃的決心。也因此在申請政府補助款的時候必須要評估公司中研發人力之人數，背景與經歷，且這些人力都須要掛勞健保在公司當中，同時必須確認公司的資本額須達到所想申請補助款之金額。因為政府補助款的上限，就是小於或等於我們資本額的金額。

再來公司當中所需要開立的材料費的發票，設備方面的財產目錄清冊都需要準備。這

些都是我們在計劃當中核銷的憑證。

委外單位我們則需要合作備忘錄以及過案之後的正式合約，相關執行事項，先行在計畫階段做評估與確認。

也因此若該公司目前仍在早期階段，約 5 人以下，我們通常都建議以創業型補助為主。公司若已經成長一段期間有一定的投保人數後，我們再建議送研發型或行銷型的政府計劃。原因是申請補助款的金額因人力不足金額不高，且會佔去創辦團隊大量準備結案報告時間，反而造成主力業務延宕，得不償失。

另外附帶一提，下圖為企業規模適合送的補助案類型，公司從創業時期開始到上市櫃這段過程，政府都有相對應的計畫以及預算，提供給企業作為發展上的協助，那這一類型的計劃每年都會做些許幅度的調整。請注意，我們的產品或服務創新性也會因為每年的時代進步，日漸薄弱。例如 2013-2016 年期間，APP 是主流創新類，爾後轉變成大數據分析、AIOT、在演變為工業 4.0，至今 2023 年則為淨零碳排與企業永續發展等議題，時代不斷在變化。因此有些時候我們在研發時必須把握好時間，進行創新發展與研究，並及時申請計畫。

是補助部分經費

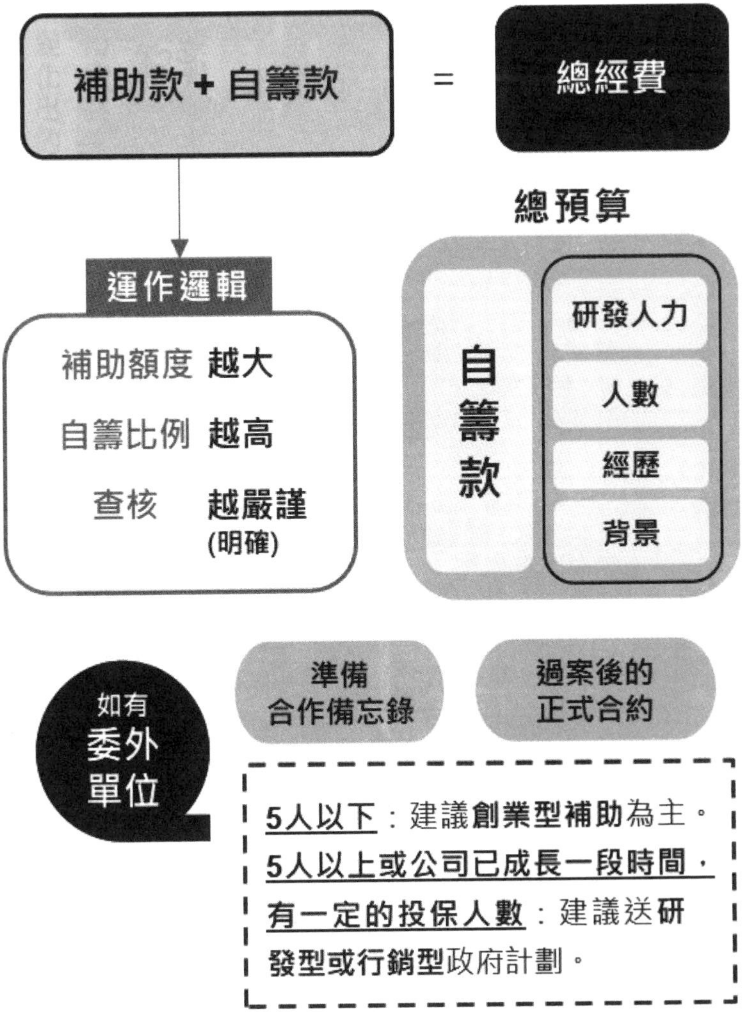
補助款＋自籌款
=
總經費
運作邏輯
補助額度 越大
自籌比例 越高
查核 越嚴謹(明確)
總預算
自籌款
研發人力
人數
經歷
背景
如有委外單位
準備合作備忘錄
過案後的正式合約
5人以下：建議創業型補助為主。
5人以上或公司已成長一段時間，有一定的投保人數：建議送研發型或行銷型政府計劃。

企業規模適合送的補助案類型

(因補助案每年均異動,僅供參考)

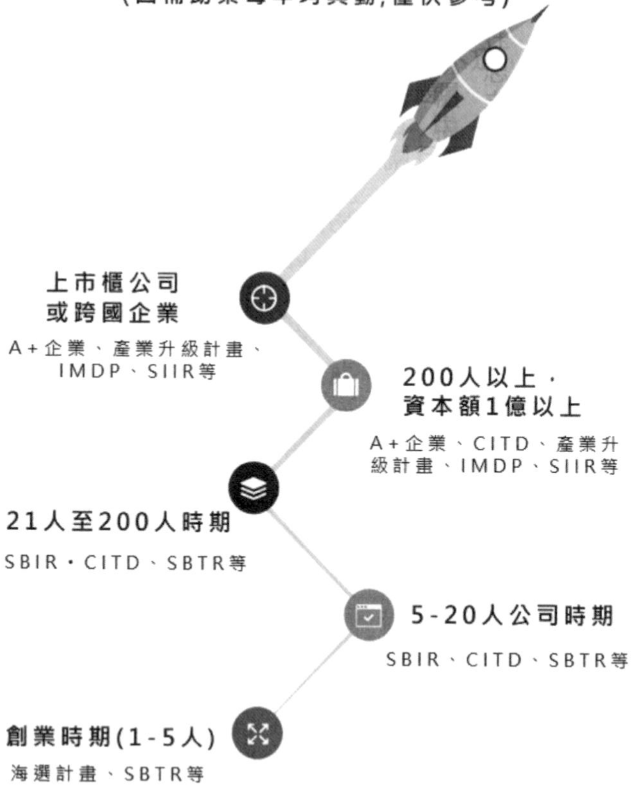

備註:海選計畫僅限創業五年內之公司

② 經費是要接受政府的管考監督使用

政府補助過程中，我們必須將計畫期間內的研發經費明細，提供給計畫辦公室以及辦公室委任之會計師事務所盤點與確認。確保專案都有按照計畫規劃進行。而這個過程中，最常遇到的就是單據以及計劃的名目、時間、其他各種不可預測之因素導致成無法核銷。

這個過程就很容易造成執行上的糾紛，舉例來說，經費在接受政府補助管考，需要提前先交付給貴公司合作之會計師或是會計部門進行公司內部的帳務登記，確認入帳後再交付給計畫辦公室。曾有中小企業主疏忽未給公司會計師，到每年5月結算年終所得稅時，因金額有誤，造成不必要會計及行政成本。

是需接受政府管考監督

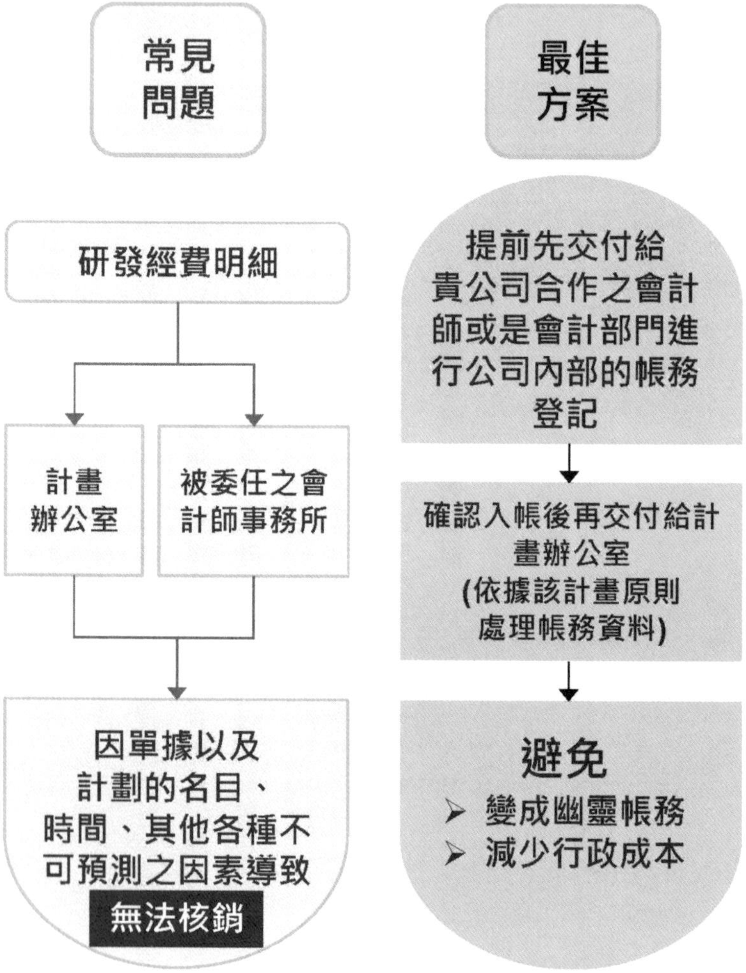
常見問題
最佳方案
研發經費明細
計畫辦公室
被委任之會計師事務所
因單據以及計劃的名目、時間、其他各種不可預測之因素導致
無法核銷
提前先交付給貴公司合作之會計師或是會計部門進行公司內部的帳務登記
確認入帳後再交付給計畫辦公室
(依據該計畫原則處理帳務資料)
避免
➢ 變成幽靈帳務
➢ 減少行政成本

③補助款項是不會按照你想要的時間給你經費

政府補助的撥款時間均按照該計劃的計劃辦公室所安排擬定的作業流程。原則上會在與政府簽約完成後，提撥第一筆款項，第二筆款項會在計劃的期中報告繳納後撥款，尾款則會在結案報告驗收完畢後結案完成才予以撥款。

因此政府補助的撥款期間不是由公司想要的時間來提供，而是必須按照政府計畫辦公室的簡章規定撥款。這部分不包含計畫過程中，計畫辦公室或合作之會計師事務，各種不可預測之突發狀況，導致撥款延宕的因素。

因此建議，整個專案過程公司必須要有整筆專案預算 100%，公司均可自行籌措的決心以及準備。政府承諾的研發經費不會不給，只是有可能會晚撥款。因為計畫款項若晚撥款，但計畫管考已經啟動，若等到取得頭款在研發，可能已經緩不濟急，造成研發延宕。

是會出現延遲撥款

撥款時間將按照計劃辦公室所擬定的作業流程，
會因行政作業程式延宕，非準時入帳。

原則上

政府簽約完成	計劃的期中報告繳納後	結案報告驗收完畢後
提發第一筆款項	提發第二筆款項	尾款

❖ 必須按照政府計畫辦公室的簡章去規定撥款
❖ 計畫辦公室或合作之會計師事務所應各種不可預測突發狀況導致撥款延宕

建議：整個專案過程公司必須要有整筆專案預算100%，公司均可自行籌措的決心以及準備

【C】政府補助不用還，但經費流向要交代清楚

政府補助經費的流向管考

政府補助不用償還，對很多企業而言是一個非常好資金取得管道。但是申請拿到經費時，同樣的也必須交代這一筆錢的去向。**在政府補助中所提供的經費都必須透過計畫人事費、材料費、委託研究費等相關會計科目進行單據或資料佐證，並進而報告核銷，後續內容均會持續反覆提到這觀念，因此行政成本準備是必須預先設定好的。且會比您原先預估的時間／人力付出更多。**

也因如此，我們在核銷上都須做好更周延突發風險的準備與規劃。在政府計劃中，都必須預先規劃好公司的人事成本、材料成本、委外成本、預計會投入的設備殘值，也就是財產目錄清冊。若是行銷型計畫，我們則需管理我們的廣告宣傳費，還有我們的印刷費、贈品費等等。不同的計劃有不同的會計科目及編列原則，因此我們都會依照政府會計標準以及公司創新亮點、公司能量、經營習慣與制度，作為我們輔導編列預算的依據，設計核銷方案。這部分我們也都建議要去看計劃中的申請須知，內容均會有一個計畫會計原則，

會知道經費的核銷以及方式，這個部分非常重要。同樣一份計畫須知與會計原則，對於我們而言，從中可以判斷出政策偏好、特殊性需求、該補助案經費高低、核銷難易度等等眾多線索。從中建議客戶做好送件規劃。因為若是我們的單據，在規劃階段並無按照計畫會計原則做準備，極有可能通過的計畫無法核銷，會面臨被減價驗收的風險。

舉例來說，我們所開立的發票的期間若超過計畫期間，那該發票則不予認列，或許我們的發票品項名稱寫錯一個字，該發票也有可能退回重新開立，導致款項被減價驗收。這都是作業過程中有可能面臨的細節問題，因為委外單位、購買材料的廠商並不會知道計畫書寫那些品項，這些都需要公司專案人員一一去核實。或是委外單位在計劃期間突然不願配合，更易導致核銷難度增加。這些狀況我們在輔導客戶期間都經常面臨到，每種狀況解決辦法都不同。當然，最好的解決方式便是一開始就不要發生，因此在觀念設立上，必須確認公司內部會計、研發等部門成員，均有相同的共識。

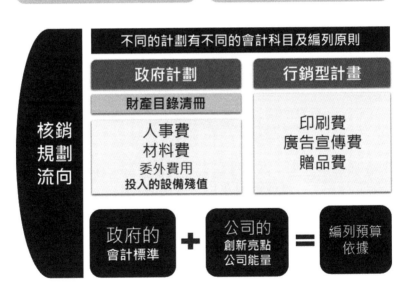

交代清楚資金流向

重要觀念

政府補助不用償還
但是申請拿到經費時
必須交代這一筆錢的去向

經費必須有**單據或資料佐證**
進而報告核銷

行政成本必須預先設定好

若沒有經驗，整體過程會比
原先您預估時間付出更多

核銷規劃流向

不同的計劃有不同的會計科目及編列原則

政府計劃

財產目錄清冊

人事費
材料費
委外費用
投入的設備殘值

行銷型計畫

印刷費
廣告宣傳費
贈品費

政府的**會計標準** + 公司的**創新亮點**、**公司能量** = 編列預算依據

交代清楚資金流向

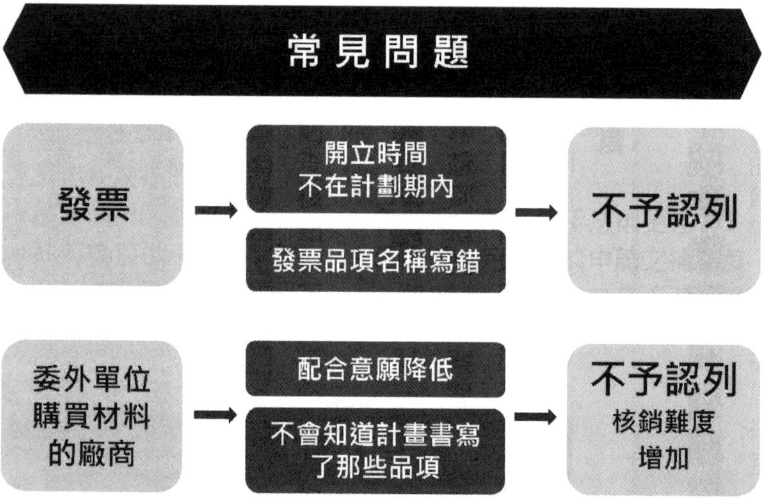

最好的解決方式便是預防勝於補救，
有風險事項一開始就不要發生。

在觀念建立上，必須確認公司內部會計、研發、委外
單位等對象均有相同的共識

四、政府補助需搭配自籌款，不能全用政府補助做研發經費

為何政府補助需要自籌款？

政府補助需要搭配自籌款，不是全部都用政府補助款來做研發經費。若如此，就等於研發成果歸屬政府所有。因此補助款一定小於自籌款。

政府補助款是政府補助企業的經費，因此企業必須拿出相對應、大於補助款投入的費用，此為自籌款，兩者相加稱之為總經費。自籌款通常非現金，而是公司中對於該計畫所投入的相關可供量化之費用成本。

政府的過案公文中，總經費會包含自籌款、補助款。計劃核定的項目，若以研發型計畫來訂定通常為：

①人事費 ②材料費 ③委託研究、勞務費 ④財產目錄清冊（折舊）等等。這些項目當中。公司都必須投入自籌款項之開銷，作為計劃投入，投入的規模與成本，也代表公司對這專案的重視程度與決心。

舉例來說，如果一張材料費的發票有 100 萬。政府補助 40 萬，其中 60 萬為自籌款。這部分我們公司須要開立 100 萬的該品項材料，我們才可以動支補助款當中的 40 萬元材料費。從補助款專戶中提領。若計劃最後結案被減價驗收，該款項也會被等比減價驗收。這部分要請特別注意。

因此研發上請不要有全部都由政府會全數支應的想像，公司本身具備的研發能量，還有行政作業流程，整本計畫書所有環節與架構，都與最後跟政府補助的額度、核銷方式，環環相扣，有密切關連性。

為何需要自籌款？

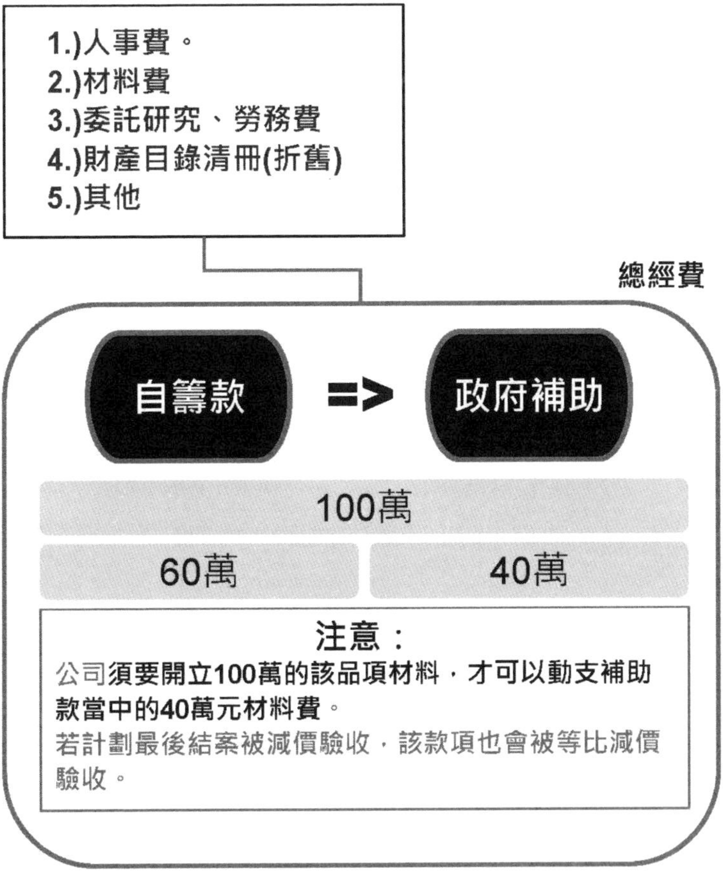
1.)人事費。
2.)材料費
3.)委託研究、勞務費
4.)財產目錄清冊(折舊)
5.)其他
總經費
自籌款
=>
政府補助
100萬
60萬
40萬
注意：
公司須要開立100萬的該品項材料，才可以動支補助款當中的40萬元材料費。
若計劃最後結案被減價驗收，該款項也會被等比減價驗收。

投入的規模與成本，也代表公司對這專案的重視程度與決心

五、如何運用政府補助案，打造一個紮實的研發與行銷制度

【A】幫助公司建立一個可供查核的研發與行銷制度

政府補助案，是一個嚴謹的研發過程。公司若決定一個研發案，並且申請通過計畫辦公室委員核可，通過計畫後，我們就不能夠修改標的物或是大幅度調整研發方向，因為研發是受到計畫辦公室、委員、會計師事務所監督執行。

計劃辦公室及委員必須確認以及對專案過程、結果把關，因此通過的企業對於預算與專案管理不能夠任意的修改專案。執行過程也必須根據專案的進展狀況，選擇減價驗收或是立刻終止本補助案。對企業而言，這都是得不償失的，因此我們在申請補助案之前必須要謹慎。

不能輕易推倒重來-1

建立可供查核的研發與行銷制度

政府補助案

是一個嚴謹的研發過程

研發專案

通過計畫後，我們就不能夠修改標的物或是大幅度調整研發方向

計劃辦公室/委員

對專案結果把關

根據專案的進展狀況，選擇減價驗收或是立刻終止本補助案

【B】運用補助案，在計畫的過程中學習新的制度與管理知識

若您是中小企業，公司尚未建立起明確制度，可以把握每一次補助機會，將公司內部研發或行銷制度建立起來，因為政府補助案的執行過程，會計管理方式，研發過程的紀錄撰寫，專案執行的步驟、查核點等，都是大型公司的完整作業流程。我們清楚對於中小企業而言這些處理流程會造成行政上的負擔，但換角度來說，**您可以透過這次契機，從過程中挑選對公司適合的管理方式、逐步地建立起公司內部完善的管理跟會計、行銷制度。因為一家公司的成長，不只是領導者的眼光，更重要的是團隊是否能夠按照領導者的目標來落實執行，才有可能成功。**

本公司便是將政府補助案作業的會計、行政制度逐步導入內部經營流程，過程中的確很辛苦，但熬過磨合期後，我們公司每年成長速度也有質的飛躍。那如何將政府補助案轉換成公司成長的驅動力，如果尚未導入類似政府補助計畫作業流程之公司，透過補助案可以學到的事情很多，我從中擷取部分給各位參考、建議：

項目	說明
資訊可量化	意思是所有公司同仁內部以及對外部的資訊，不只是用口述，都需要記錄起來，同時在溝通的時候列出，事件、時間、結果。定期在進行反省。 而記錄、可追朔討論的事情越具體、明確、嚴謹，代表公司的底蘊也越豐厚。
資料可追朔	舉例來說公司內部人員的會議記錄、研發紀錄、行銷紀錄，這些內容中通常都包含著平日所失敗的經驗，同時轉換成公司的人員的工作說明書。 若研發或行銷人員離職，重新增聘新人，若無這些紀錄，也等反覆地在浪費公司的資源在學習同樣的錯誤。 所以一份好的工作說明書其實每個月、每季、每年都會更新。
專案可記錄	一個專案需要多人共同合力完成，這部分如何將記錄起來的資料轉換成專案便是一門學問，建議找尋到對公司而言最輕鬆最習慣的方法，而非是選擇市場上最熱門的工具，因為最輕鬆最習慣的方法通常都已經在公司中每個成員的日常工作行為，因此透過深度的討論讓每一位專案成員達成專案工具的使用共識，落實的執行即可。
文件須完整	通常每一份需經過上司同意的文件都有相關的簽署，這部分也都有相對應的責任。若作業上需要徵得同意的，養成書面承諾的習慣。因為口頭承諾若萬一發生突發狀況，容易互相卸責、猜忌，無從查起，解決事情根本原因。

項目	說明
研發過程須紀錄	研發的過程會歷經多次失敗，但為何失敗？何時失敗？失敗到什麼程度？這些通常都是需要量化，因為通常我們中小企業最常說的是這個轉速不夠快，或是這個磨耗太快，所以我們要換一個新的材料或新的設計，這樣的做法可以快速的解決當下的問題。但無法解決未來若其他的人要處理類似的問題時，要選擇什麼樣的材料和設計來解決。 也就是我們的研發過程記錄是為了以後我們其他研發成員在研發上可以建立在前人的基礎上進行。
行銷過程須紀錄	本書定義的範圍在於 B2B 的行銷，該行銷容易因為淡旺季、目標國家、產業別、客戶規模大小、同行情蒐與競爭、原物料的波動、物流運輸的影響、政治局勢的改變等等，都有不小的衝突以及影響。 因此若我們可以將每一次廠商的報價單上，建立一個詢問如何知道本公司？類似的小調查。從中歸類蒐集整理，可以找出除了參加國際展覽外，其他的行銷策略與方針。 這部分多國行銷策略的研究，也是本公司目前在執行的發展重點之一。
成果可驗證（未來可追蹤）	研發的成果必須轉換成訂單，訂單會轉換成營業額，營業額扣掉成本就是公司的盈餘，這些盈餘，大部分的老闆都會撥出比例，持續的投入研發，而這個研發的內容就是預期效益。預期效益包含新增的人事聘用、未來 3 年的營業額成長、員工是否有加薪、減少多少的成本等等。 所有的投入所產生的結果以及效益都需要量化。量化是可以幫助老闆快速掌握公司每個環節，尤其若公司的規模持續擴大，量化的需求以及壓力也越高，因為該量化卻沒有量化的地方，就是公司未來有可能出錯的地方。這部分可以思考公司內部還有多少環節尚未量化。

不能輕易推倒重來-2

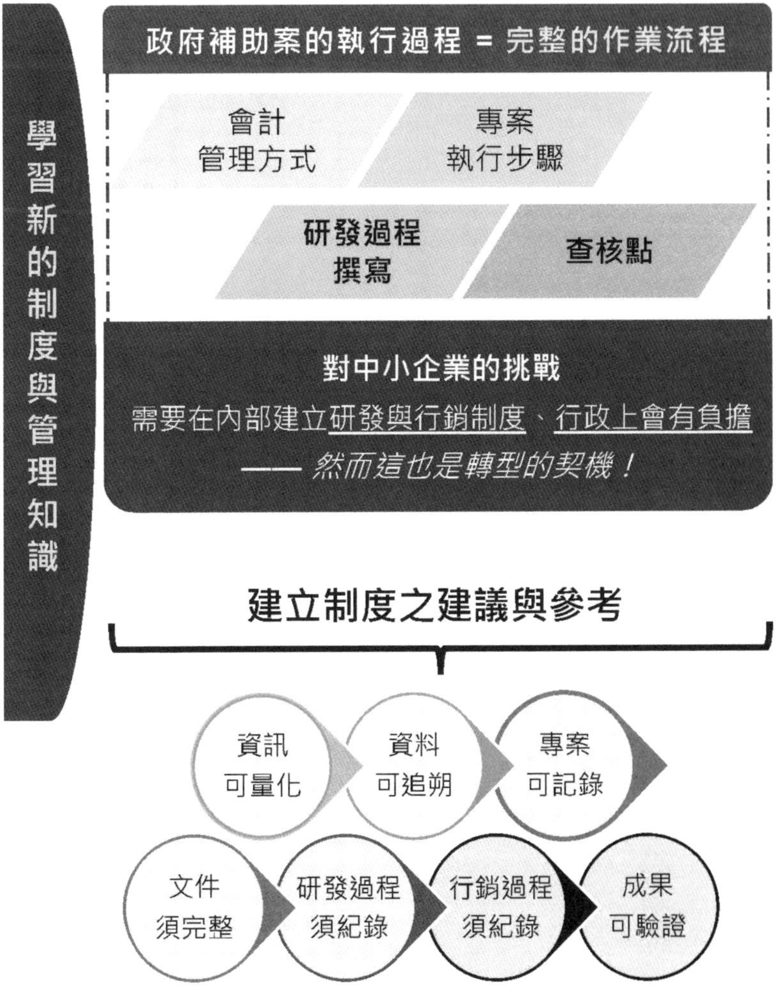

學習新的制度與管理知識
政府補助案的執行過程 = 完整的作業流程
會計
管理方式
專案
執行步驟
研發過程
撰寫
查核點
對中小企業的挑戰
需要在內部建立研發與行銷制度、行政上會有負擔
—— 然而這也是轉型的契機！
建立制度之建議與參考
資訊
可量化
資料
可追朔
專案
可記錄
文件
須完整
研發過程
須紀錄
行銷過程
須紀錄
成果
可驗證

【C】思考實務面研發過程面臨問題如何克服

通常我們在輔導客戶申請補助案，會遇到各種研發過程沒有想過的困難，舉例來說以下6種研發上面臨的問題：

第一點：國際地緣政治風險，造成物流通路不穩定性。導致成關鍵零組件無法如期送達。以致於計劃延宕。

第二點：研發過程中發現自己的研發規劃發生錯誤，不符合實務需求，導致成研發必須大幅度的變更。

第三點：委外單位無法配合進行專案研發，導致成研發上難產。

第四點：關鍵計劃人員離職，導致成計劃無法如期進行。

第五點：查核指標的產品規格無法按達到計劃的標準以及目標。

第六點：公司內部行政能力偏弱，導致無法完成計劃期中、期末等報告。或行政疏失，導致計劃被減價驗收或扣款。

這 6 點並非全部問題，僅是我們輔導客戶遇到的一小部分，同樣作業在不同人員執行上都有可能產生不同的狀況。

這些都是在研發前可以先行預估，或從脈絡推理出風險部分。

對本公司(TGSA)而言，這過程中，我們累積大量的執行經驗以及各種解決方案，然而我們發現這 6 點都共通性，就是這些都不是政府補助計劃申請時就能發現的問題，而是研發或行銷計畫執行過程中實務面會面臨的問題。對我們顧問而言，專業就在於是否能夠協助公司預判、或面臨時解決這些、甚至更多不可預測問題。這就是顧問的價值。

因此，再說一次，政府補助案並不僅是只要會寫計畫就好，更重要的是將計畫轉換成實務研發步驟的能力。公司內部的行政能力、執行能力是否能在計劃期間內，將相關查核點以及研發、會計報告完成，並且如期交付給計劃辦公室，同時可進行計劃上的實務問題變更等等的行政作業。這部分若要順利的完成到結案，對於一般中小企業而言，是會有不小的負擔。且若要一次做對，除非累積大量經驗，否則每期計畫辦公室微調細節，繁瑣的作業流程即會造成行政人員的額外負擔，且更要承受被現實變化影響導致專案研發失敗，減價驗收的風險與壓力。

因此政府補助案並非只是研發部的事情，更包含行政部門協助以及跨部門的協調的事情。也因此有很多中小企業在申請政府補助案爭取資金時，研發卻變慢。因為人力有限，他們花費太多時間在補助案文書作業上。過度投入太多時間在行政能力。弱化研發的能量。這也導致為何許多前景原先看好的小型團隊，卻逐漸走向沒落。因為在研發的過程迷失了自己。將能量集中在拿補助、處理行政文件，沒有時間投入研發，思考更好的商業模式，盡速產生營收的正向循環。這是很可惜的事情。

因此建議公司有一定的規模，例如200人以上，若不願外部委託顧問公司，則可以設置專人處理輔助案，養一位補助案專案經理動輒一年50萬、80萬不等，有經驗的價碼可能更高。相當於一個100萬規模的研發型補助案的價格。對一般中小企業而言，徵聘到擁有多種補助案經驗的專案人才可遇不可求。且不見得每次通過拿到的補助金額可以符合期望，人力成本的衡量或委託專業顧問輔導降低成本，對想要申請研發與行銷補助的公司而言，都是需要考慮與衡量的選擇。

再者，公司應該以研發產品／服務為主，補助案為輔。補助案是透過政府支持加速研發，因此我們顧問公司解決的就是補助案行政以及全盤公司研發布局與規劃。這也是我們顧問的價值，花一個人1、2個月的預算，獲得3年的送件保障服務，以及背後累積數百件的專案執行經驗，您專心研發，我們則讓專案執行更加順利。

不能輕易推倒重來-3

實務面研發過程面臨問題如何克服
六種研發過程
常見挑戰
地緣政治風險
委外單位無法配合
查核指標的產品規格無
法按達到計劃的標準
研發規劃圖發生錯誤
關鍵計劃人員離職
行政能力偏弱

這些都不是政府補助計劃申請時就能發現的問題
是研發或行銷計畫執行過程中實務面會面臨的問題
專業就在於
是否能夠協助公司解決這些、甚至更多的問題

六、政府補助——計劃書撰寫與簡報審查重點

目前有關計畫書方面，市面上有非常多的教學課程，以及計畫辦公室的指導說明，因為內容相當豐富我這邊就不再贅述。這邊最主要重新幫助各位定位計畫書的目的：

【A】建立正確的觀念

當研發方案決定後，開始著手撰寫計畫書，請注意，計劃書不只是寫給自己看，更是寫給委員看的，委員要的是找出符合該計劃目標補助條件與資格的廠商。

我們在申請政府補助案的時候要做好以下觀念認知：

① 最清楚產品的是我們自己。

② 最清楚我們技術的創新性、競爭優勢的也是我們自己。

③ 最清楚目標客戶的也是我們自己。

④ 最清楚這一個專案是否可以成功的也是我們自己。

⑤ 最清楚我們創新技術細節及要達成的目標查核項目更是我們自己。

好的，**建立起定位與觀念後，現在我們政府補助計畫的委員，他可能是這一個領域的專家，但它通常不是我們這技術的專家。請注意，這是重點。我們要如何解釋給我們這個領域但非這技術的專家理解我們的技術，許多案件沒有通過計畫，就是敗在個溝通上的環節與關鍵。**

因此，我們在撰寫計畫時，必須時時注意我們閱讀對象是誰，不能假設委員都已經懂我們的專業，所以任何一種表達上精簡的專業行話、術語溝通可能會產生落差。因為我們的以為（假設），極有可能會造成委員，在審閱計畫書時，無法精準地掌握我們想要表達的細節。這在計畫審查簡報時十分的不利。

有些時候，我們會覺得委員不懂我們的產品，但更多我們要反省的是，我們在技術的解釋以及計畫的撰寫上面，是否有站在委員的角度和立場去思考，我們的計畫要表達的是什麼？是否有滿足委員的審查標準？這部分也是我們在計畫撰寫、簡報的時候必須要注意的重點。

計劃書撰寫與簡報審查重點

申請政府補助案的時候
要做好以下觀念認知

- ✓ **最清楚產品**的是我們自己。
- ✓ **最清楚**我們**技術的創新性**、競爭優勢的也是我們自己。
- ✓ **最清楚目標客戶**的也是我們自己。
- ✓ **最清楚**這一個專案**是否可以成功**的也是我們自己
- ✓ **最清楚**我們的創新的技術的**細節**以及要達成的**目標查核項目**的更是我們自己

計劃撰寫

如何解釋給我們這個領域但非這技術的專家理解我們的技術

許多案件沒有通過，都發生在**溝通上的環節與關鍵**

委員

撰寫計畫時秉持心態

- 不能假設委員懂我們的專業
- 解釋技術時，站在委員的角度與立場去思考
- 能否與委員產生共鳴？

【B】量化一切可量化之指標

計畫書的內容，不要用形容詞不要用似是而非的詞，計畫書就相當於紮實的專案執行專案之評估說明書，因此整體的內容所有的環節執行的步驟，如果我們是要執行活動類型的標地，那我們應該要有人、事、時、地、物等具體資料，如果我們是專案類型的我們應該要有功能規格、運作流程、作動邏輯、第三方驗證等等各種可以量化成效的內容。

整體的內容不建議寫我覺得、我認為、應該是、或者等等字眼，不建議撰寫主觀的意見，因為對於委員而言所有一切提出的資料都需要舉證，證明我們說的是事實。因此在創新性、可行性等等實務評估，必須將可供量化的字句，作為撰寫的重點。量化的越豐富，代表團隊的執行越紮實，可行性就越高。

計劃書撰寫與簡報審查重點

忌
- 用形容詞
- 用似是而非的詞

避
- 我覺得
- 應該是
- 應該是
- 或者

量化 一切可量化之指標

提供量化字句：創新性、可行性等等實務評估

量化的越豐富，代表團隊的執行越紮實，
可行性就越高

環節執行的步驟	專案類型
必須提供人、事、時、地、物等具體資料	功能規格、運作流程、作動邏輯、協力廠商驗證等，各種可以量化成效的資訊

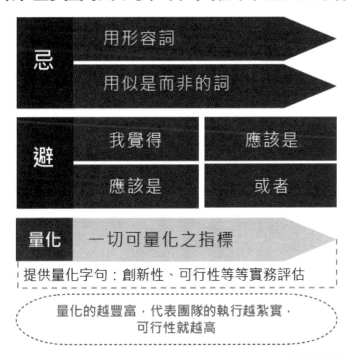

【C】公司投入的成本，代表對這專案的決心

計畫書只是完成研發或行銷專案的一種方式，政府補助也是一個資源，但完成整個專案帶來的效益才是我們的目標。才是我們的結果。

因此不要吝嗇公司早期的投入成本，不要有政府補助款拿到入帳後，公司才要研發的想法。前面、早期的投入代表公司投入決心，也代表公司對這個專案的掌握程度，前面的投入我們稱之為先期研究，評估整個專案的可行度以及競爭優勢。也代表您在未來執行這個專案的準備是否充分。這些都會大幅的影響整個專案未來是否能夠通過計畫，委員是否願意支持這一個專案。

七、政府補助——管考注意事項

企業的經營過程中，經常會遇到各式各樣的問題，因此這邊所舉列的是我們經常遇到的問題，具體的處理方式仍需要與計畫辦公室討論以及根據當期最新的申請須知以及會計原則做定奪。

不同的計劃有不同的管考過程。政府的計劃辦公室都會提供，相對應的管考說明會。因此整體的計劃我們都建議以最新該計劃辦公室的說明為主。每一期每一個細節的做法均不同，因此我們這邊只說明幾項最基礎的觀念的部分。

【A】管考注意事項

①心中有計劃。把計劃放在公司的行事曆中

很多公司通過補助很開心。但後續要如何執行卻不清楚，聽完計畫辦公室核銷說明會仍一知半解。以為計劃的執行，就像公司本身平常的日常的工作一樣處理就好。

這很容易導致計劃的相關資料數據的報告準備不足。面臨減價驗收的風險。所以計劃執行記得要放在心中。放在公司的團隊當中。政府補助的過程當中，我們要繳交期中報告還有期末報告，委員訪視，政府會計人員訪視。這些過程都要準備好，相對應的報告資料。在計畫執行動輒6個月、1年的期間，中小企業容易因公司內部管理疏失，導致計畫被減價驗收。

②把專案的流程，視為公司的研發流程

▼如前述，政府補助不會一次撥款，他會分兩期、三期撥款，如果沒有按照進度開

發完成這筆錢政府會收回。

▼ 政府補助案，到整個計劃結束公司需要預先預支任何的費用。才能夠取得結案尾款。

▼ 政府計劃中，口頭說明的都不能算數，只有寫出來的資料、KPI，驗證可以供驗證的資訊。可以再現的數據我們才能稱之為報告資料。

③ 通過計劃其實只是站上起點。如何跑到終點才是真本事

「政府研發/行銷補助計畫是人的計畫，遵循嚴謹管考制度下的人的計畫」因為每家企業運作方式、商業模式、委外單位、團隊人員個性、每種計劃的申請辦法、會計原則、每種計劃的委員、承辦、承辦的主管、審查會計師，所有人審閱這計畫角度均有所不同。過程當中衍生所變化出的複合式問題也十分繁雜。所以如何跑到終點需要的是公司對於計劃的重視程度。越重視計劃，過程中發生問題的機率就會減少非常多。

對公司之管考**注意事項**

1

把計劃

<u>**放在公司的行事曆中**</u>

- ❖ 通過計劃後，並**不積極**執行計劃內容
- ❖ 往往導致資料數據**準備不足**，最終面臨減價驗收問題
- ❖ 執行計劃必須放公司行事曆
- ❖ 計劃執行**動輒**6個月-1年時間

2

把專案的流程

<u>**視為公司的研發流程**</u>

- ❖ 政府補助是分期撥款，如果**沒有按照進度**開發完成，這筆錢政府就會收回
- ❖ 公司必須**預先**支付開支，才能取得結案尾款
- ❖ 口頭說明**不算數**，必須寫出資料、KPI、可供驗證資訊，才能稱之為報告資料

3

通過計畫只是起點

<u>**跑到終點才是真本事**</u>

- ❖ 每一家企業運作方式、商業模式、團隊人格特質、每種計劃的申請辦法、申請會計原則、每種計劃的委員等，**都有所不同**
- ❖ 過程將會**衍生**複合式問題
- ❖ 公司越重視計劃，過程**發生問題**幾率就會減少

當您順利的完成一次又一次的補助專案後，您會越來越熟悉政府的補助制度，也會越來越仰賴政府的補助。這時請您注意，您的創新產品或服務，才是您公司發展的本質，委員認同的是公司您想要做的這件事情以及未來的替台灣、世界帶來的價值；而不是寫通過的一本補助計劃書。因此每一次取得政府補助款後，我們應該把它當作是最後一筆錢，用盡一切可能之辦法取得市場上的認同以及商業上的成功。

只要有政府補助輔導的國家，原則上都有法人、顧問公司等各種輔導單位，不只是台灣，但這些公司或法人，主要可以區分以下 3 種：

▼ 第一種是代筆者，主要只負責寫。有沒有通過政府計畫不管。或是再送一次政府計畫，若無過案則整個專案結束。或是僅收後面通過部分報酬。但都不協助實務核銷作業（僅為口頭輔導）。

▼ 第二種分成 3 個經營型態：

・第 1 個，以代筆者為主的顧問公司：提供前面撰寫，1+1 次服務（第一次沒通過，第二次再輔導）。核銷輔導（口頭輔導）。

主要人員均以合作方式，並非自身團隊。因此若未來有突發狀況或要修改計畫，可能會面臨找不到原始代筆者的問題，且因分潤問題等，故無法提供長期性服務。

．第2個，研發技術之法人組織：主要可協助企業研發創新技術或標的物，且協助輔導申請經費，共同或代替研發、提供相關授權。在合作過程中建議過案後補助金合作拆分比例、技術授權是否另計授權金？是否有每年維護費用？計畫核銷相關資料作業如何分工？所有權歸屬？諸如此類合作細節建議先行達成共識，再行合作，避免合作過程發生糾紛與疑慮。

．第3個，有輔導後續的顧問公司，聚焦在計畫輔導，研發產學合作以媒合方式協助，並協助分工與把關。從計畫撰寫開始，包含後續之核銷作業流程，全程協助，並在合作前期與合作單位建立共識。

而整個計畫輔導品質，在於報告驗證、確認、指導、介紹與建議。甚至未通過計畫，也提供相對應後續服務。這部分仰賴的是顧問公司累積的經驗數據、協助企業主建置公司內部研發制度的能力，這些是後續順利核銷的關鍵。通常需要累積多年不間斷經驗，還有完整的各部門執行團隊、穩定的人才，經驗可以傳承，良好的溝通以及團隊協作。

．本公司為此型態，持續在顧問業中數位轉型，將累積大量的經驗轉換成資料庫。透過內部協作。互相指導，定期培訓。讓我們的團隊成員都可以提供相同的服務品質。

顧問公司態度決定專案執行品質，我們無法幫助企業去把產品研發完成。但我們能夠幫忙的是在計劃當中順利地落實與及執行。

▼第三種：把研發成果帶到更廣大的市場上

本公司積極發展，思考與進步，目前逐步轉型至第三種型態。我們不僅輔導您申請經費研發產品，更希望您的產品可以推廣到國外。做到您的產品研發完成後，我們幫您推廣到國內外市場。找尋潛在買家。（請參考第三章）

我們的顧問服務，是希望企業研發、成長、爭取到訂單。因為政府的補助希望的就是幫助企業成長。我們也是。

三種輔導單位類型

第一種：代筆者

僅負責撰寫，若無過案則整個專案結束，或是僅收後面通過部分報酬。不協助實務核銷作業(僅為口頭輔導)

第二種：分成3個經營型態

❶ 以代筆者為主的顧問公司：

提供前面撰寫，1+1次服務(第一次沒通過，第二次再輔導)。核銷輔導(口頭輔導)。→ 主要人員均以合作方式，並非自身團隊。因此若未來有突發狀況或要修改計畫，可能會面臨找不到原始代筆者的問題，且因分潤問題等，故無法提供長期性服務。

❷ 研發技術之法人組織：

主要可協助企業研發創新技術或標的物，且協助輔導申請經費，共同或代替研發、提供相關授權。→ 合作細節建議先行達成共識，再行合作，避免合作過程發生糾紛與疑慮。

❸ 有輔導後續的顧問公司：

聚焦在計畫輔導，研發產學合作以媒合方式協助，並協助分工與把關。從計畫撰寫開始，包含後續之核銷作業流程，全程協助，並在合作前期與合作單位建立共識。→本公司為此型態，持續在顧問業中數位轉型，將累積大量的經驗轉換成資料庫。

第三種：把研發成果帶到更廣大的市場上

不僅幫您輔導申請經費研發產品，持續輔導到您的產品研發完成後，更幫忙將產品推廣到國內外市場，找尋潛在買家。 → 本公司積極發展、思考與進步，目前逐步轉型至第三種型態。(詳細資訊請參考第三章)

【B】會計注意事項

因每種政府計劃會計原則都不同。而且每年、每月，相同的計畫只要新公告，每次公告都會在做細節的調整。所以本書只能夠給予觀念上的部分建議，這些建議都可以應用在各種計劃中。

①政府計畫的員工薪資必須是要可以被追朔的

我們給錢，都必須要有憑有據。資料都必須要做好保存以及紀錄，可供追朔。計劃中編列之預算有不可追朔，沒有明確憑證的問題都會被減價驗收。

②政府補助中所開立的所有的任何的材料費委外費用所有的費用都是未稅價，不能含稅。稅金是交給政府的補助金額，並不會包含營業稅。這部分請特別注意，若金額有把稅金包含的話這個部分會被予以減價驗收。

③有些政府計劃必須要有擔保。例如通過票據信用證明或是開本票的方式進行擔保，確保本專案都可以順利地進行。這個部分在計畫結案的時候會給予退還。

④地方性政府計劃，通常必須自備會計師簽證的費用，地方性計劃會計師簽證責任在於公司方，中央型計畫則會由計畫辦公室委由之會計師事務所來進行。

上述種種，只是政府補助案中的其中部分會計原則，但這些都是我們在執行專案中經常遇到的需要特別注意的幾種細節。因為很多種計劃都有不同種的執行，所以過程當中實報實銷，必須要做到紮實徹底，所有的單據金額品項都不能有出入，這樣在計劃的執行上會比較順利。

會計注意事項

政府計畫的員工薪資必須是要可以被追朔

- ➤資料都必須要做好保存以及紀錄。 可供追索。
- ➤計劃中編列之預算有不可追朔。沒有明確憑證的問題都會被減價驗收

政府補助中所開立的費用
都是未稅價，不能含稅

- ➤稅金是交給政府的補助金額，並不會包含營業稅。
- ➤若金額有把稅金包含的話這個部分會被予以減價驗收。

有些政府計劃必須要有擔保

- ➤通過票據信用證明或是開本票的方式進行擔保，確保本專案都可以順利地進行
- ➤計畫結案的時候會給予退還

會計師簽證的費用

- ➤地方性的政府計劃通常必須要自備會計師簽證的費用，簽證責任在於公司方
- ➤中央型的計畫則會由計畫辦公室委由之會計師事務所來進行

八、說到做到，補助案的預期規劃與管控

在政府補助中，我們所列出的查核點、我們說到規劃出來就一定要做到，如果沒有做到就是要減價驗收或中止計畫，所以我們必須精準的掌控未來的開發流程

【A】詳細縝密的研發規劃

在政府計劃中所有計劃查核點執行，都必須要預先安排好及規劃好，也因此我們在這個部分的規劃以及設計上必須做縝密的規劃。每個月預計要完成的量化執行事項，並逐條逐項達成。過程當中也必須完成政府計劃所需要的期中、期末報告、研究記錄簿、會計報告等資料，因此我們在執行相對應的研發上必須要謹慎的逐條去完成目標。

因為政府的計劃全都是連動的。若我們的其中一個環節出問題，通常相對應的事情以及衍生性事項就會發生連續性的問題。

舉例來說，若我們的材料費發票沒有開立或是沒有在計劃期間採購該發票上的關鍵材料費，相對應時間點的研發項目，理應無法達成。因為欠缺關鍵零組件。依此類推就會造成計劃上的減價驗收。

許多人都以為會計報告跟期中報告沒有關聯性，但他其實全都是相輔相成的。這些也都是我們在申請補助案，在規劃的時候就要先預做處理的。

補助案的預期規劃與管控

詳細縝密的研發規劃

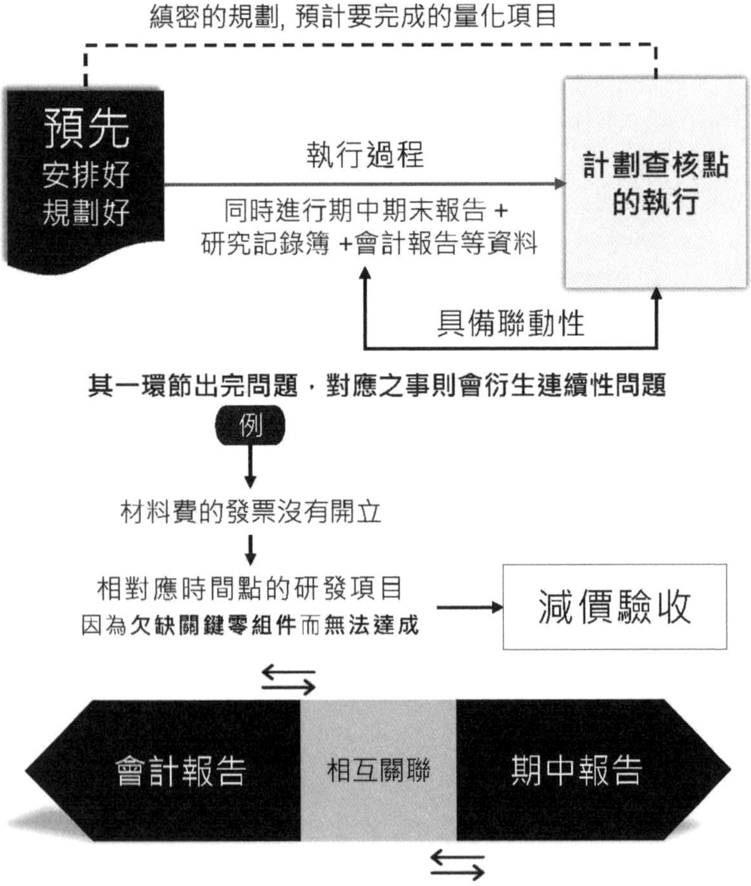
縝密的規劃, 預計要完成的量化項目
預先
安排好
規劃好
執行過程
同時進行期中期末報告 +
研究記錄簿 +會計報告等資料
計劃查核點
的執行
具備聯動性
其一環節出完問題，對應之事則會衍生連續性問題
例
材料費的發票沒有開立
相對應時間點的研發項目
因為欠缺關鍵零組件而無法達成
減價驗收
會計報告
相互關聯
期中報告

【B】精準預期與實務應變

如何做到精準的預期？規劃查核點指標？

我們建議最具體的做法就是先行累積大量的實務研發經驗。因為當累積大量的研發經驗後，就會清楚公司該產業當中實際執行的研發項目應有哪些風險？並注意該如何確保在期限內可完成執行。過程中需要克服哪些問題？有哪些在研發的過程當中會面臨到的不可預測因數？

累積的經驗越多，未來在執行補助案失敗率或不可預測的因素就會越少。

若公司並無累積大量的實務經驗，就是公司當中內部需有研發經驗豐富的人員或是老闆本身就有相對應的研發基礎，這個部分也可當作公司實務性研發成果，另外過去期間客戶委託執行過的專案也都是累積的研發經驗。

另外一種方式，就是透過顧問公司的協助，根據公司目前研發狀況以及需求 還有所要送的補助案之細則從中規劃，避免相對應的不可預測因素，這個部分非常仰賴顧問公司的經驗、規劃能力。

因為我們遇到非常多的狀況的突發狀況，是過程中不可預測之風險，或是廠商執行上疏忽造成的問題。但無論如何只要提前做好準備，在申請「政府補助案期間發生的意外，都能有解決的方法」。這點是可以放心的。

對顧問公司或法人而言，協助替公司思考解決方案是複雜且成本極高的，且若判斷錯誤、研發失敗有可能會造成雙方矛盾。因此對同行而言，這是盡量不接觸的議題。但是，對本公司來說，因為我們目標是要協助客戶建立實務上的營運發展，並在市場販售具有競爭力的產品或服務。因此我們協助客戶在撰寫及研發過程中提供建議、安排、與規劃，包含與供應商洽談、協商等，並且在服務期間提供三年保障送件方案、資訊安全險等各種保障。透過這樣的方式，若因不可預測風險導致意外，仍可透過實務應變解決問題。

補助案的預期規劃與管控

精準預期與實務應變

？ 如何做到精準的預期
如何規劃查核點指標

累計大量經驗

1

累積大量的研發經驗
後清楚研發如何執行
並且知道過程中
會遇到何種風險？
需要克服那些問題?
研發過程中的不可預測因數？

重視研發人員

2

公司當中內部有
研發經驗豐富的人員
或是
老闆本身
就有相對應的研發基礎
這個部分也可當作
公司實務性研發成果

委託顧問公司

3

透過顧問公司的協助
根據公司的研發狀況以及需求
與所要送的補助案之細則從中規劃
避免相對應的不可預測因素
此部分非常仰賴顧問公司的
經驗與責任感

【C】執行被減價驗收的補救方式

若萬一執行上不幸因為專案沒有順利研發/行銷完成，導致極有可能減價驗收，這時候我們的補救方式如下：

①第一，預判後續之狀況，控制風險，我們要先確認計劃的時間點，是否已經到計畫不可變更的期間。若尚未我們仍然可以做計劃方面的變更，但若是計劃查核點變更、計畫主持人變更、公司更動等，均屬於重大變更，需要經過委員的同意，且越接近結案時間，變更成功機率越低。

這部分我們建議完整的、如實地、詳細的告知計劃辦公室，例如查核點變更等，為何我們的查核點需要做調整，調整後的查核點可以達到何種指標。並且在計劃期間內盡快告知計劃辦公室，徵詢取得委員同意，進而協商，解決查核點無法達成被減價驗收的問題。

②第二，若萬一確認無法達標，會被減價驗收。

減價驗收意思就是扣除部分補助款，將從補助尾款扣除。這個部分若確實已經發生，或研發中某項查核點「確實」無法達成，那麼建議就放寬心，畢竟天有不測風雲。所以有時我們仍然可坦然去面對，雖然有被減價驗收，但是我們學到經驗，仍然以我們的誠心誠意把整個專案做好。把事情圓滿。

因為委員會感受到我們執行的品質，計劃辦公室也會注意到。我們不要因為被減價驗收而後續就隨意處理。讓計畫辦公室與委員留下好的印象，對於未來申請新案件都會有幫助。

所以不要說因為被減價驗收，就覺得似乎專案已經被終止般的嚴重。因為這是兩回事，尤其我們在執行跨國類型補助案時，因地緣政治以及經濟風險等衝擊，我們在協助客戶做國際發展時更有如此的體會。

補助案的預期規劃與管控

執行被減價驗收的補救方式

第一種

確認計畫的時間點
是否已經到計畫不可變更的最後一個月

若尚未我們仍然可以做計畫方面的變更
完整的如實地詳細的告知計畫辦公室

Ⅰ. 為何查核點需要做調整
Ⅱ. 調整後的查核點可以達到何種指標
Ⅲ. 告知計畫辦公室與委員
Ⅳ. 取得同意，以解決減價驗收問題

注：計畫查核點變更、計畫主持人變更、公司更動等，均屬於重大變更，需要經過委員的同意。

第二種

坦然去面對，誠心誠意把整個專案做好

若確認研發中某個查核點無法達成
那麼建議就放寬心，
坦然面對誠心誠意把專案做好

<u>執行的品質</u>
會受到計畫辦公室的注意
<u>留下好印象</u>
對未來的新案件有幫助

貳

我該如何評估和運用政府補助？

一、如何評估自己的創新是否可獲得政府青睞

有關創新性評估這部分，在多年來，數百家客戶拜訪經驗中累積，我們發現並進行企業家類型分類，我們會從幾個面向來評估。

【A】剛出社會的創業家

這部分，通常會注重的是學經歷背景以及對創新之產品的趨勢、專業背景等，通常會以前瞻產業為主，例如 AI 人工智慧、大數據分析、金融科技、淨零碳排等等。這部分因屬於新創領域，在市場上並沒有成熟規則以及供應鏈體系。因此以「合法」、「高技術含量」的類型，在審查上委員會站在鼓勵角度為主，進而通過計畫。創業家各自展現各自資源與能量，委員會去選擇可行性、新穎性（創新性）、等等審查條件挑選適合的廠商，在名額內依序排列下來進行補助。

【B】有經驗的產業人士

這部分，因為人員在過往工作經驗中，已經累積到創業中所需的專業知識、行業內的關鍵眉角。同時在委員問答時可快速地切入重點，包含市場上的明確突破契機；還有業界上、中、下游的供應鏈、銷售通路等人脈。因此在創業成功的可行性、價值等，相較於剛出社會的年輕創業家成功速度會更快。且通常有非常多資源、人脈、可以發揮應用，也清楚產業運作規則、市場通路等對象，也更容易爭取到政府的補助上的認同。

這部分業者在政府補助案，我會建議將這些專業技術應用在更細分明確標的中，請注意，這是過案關鍵。因為政府補助案 6 個月、1 年，無法將您想做的事情全部做完，因此我們必須限縮範圍、明確清楚這段期間可達成之目標。

舉例來說：影像辨識及 AI 運用在人體姿勢判斷這部分技術。就可以應用在長照（亞健康族群、失能、復健等）、保健運動等等各種領域中。這部分即是屬於有價值的創新標的，若可限縮在骨折者的「復健應用判讀支援」則更佳。如何越明確的執行，清楚表達關鍵技術優勢以及價值性，不僅實務產品成功率可以增加，在計畫角度也是可有效達成之目標。

創新是否可獲得青睞？

剛出社會的創業家

具備優勢性

學經歷背景　創新之產品的趨勢　專業背景

大數據分析　AI人工智慧

金融科技 —— **具前瞻產業** —— 淨零碳排

新創領域
在市場上並沒有成熟的規則以及供應鏈體系
審查上委員會站在鼓勵角度為主

有經驗的產業人士

- 專業知識
  業內關鍵眉角
- 快速切入重點
  市場突破契機
- 業界上中下供應鏈，
  銷售通路與人脈

*較容易爭取政府補助認同

補助案｜專業技術應用在更細分的明確標的

例

影像辨識及AI運用在人體姿勢判斷	應用在長照	骨折者的復健應用在長照

Ⅰ. 越明確的執行
Ⅱ. 清楚表達關鍵技術優勢以及價值性
Ⅲ. 產品成功率增加
Ⅳ. 有效達成之目標

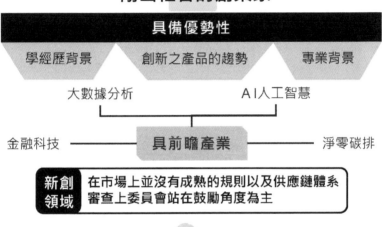

【C】獨門、冷門、供應鏈中細分產業的企業家。（如接班二代或冷門領域的企業家）

這部分企業家通常會出現在產業中之細分領域，例如螺絲或螺帽在產業中是分開兩種不同領域，但對一般消費者而言則是大同小異的五金件。或者，電機工程、智慧農業、創新材料、某產業創新檢測技術等等，這部分企業家，年紀平均落在30到50歲之間。這類型創業家已經在該領域當中累積獨門知識及經驗，同時願意吸收新知、跨界學習，把其他產業中技術與知識，應用在他們專業領域，藉此建立起具競爭力的創新技術產品。

這些企業家已經成為我們中小企業的新明日之星，也許是市場上未來新興的主流，這些企業家特徵，專業度非常強，在自己的專業領域產業領域擁有很棒的產品，他們可以說服委員、說服專家，因為他們自己就是專家，需要補強的是他們對於銷售端的溝通能量。

因為專家類企業家主流認知是，我有很棒的設備產品、價格有競爭力，客戶一定會跟我買，研發往往大於行銷。在明確定義範圍下的市場，這是正確方向，因為只要多參加幾場國際展覽，就有機會取得一筆大型訂單，進而成功。但這甜蜜期不長，原因是更多的是未在曝光時機（甜蜜期）加強曝光與客戶接洽，若參展時技術曝光，在幾個月、幾年內被中國或東南亞競爭對手進行逆向工程仿製，在對手國家的規模經濟優勢下，將產業價格壓到比台灣生產成本價還低，且某些產業又有關稅貿易等障礙，甜蜜期一過，只能繼續投入研發，繼續提升客製化技術服務為主，以此作為代工與研發基礎，遲遲無法將自有品牌推向國際，始終在接代工、客製化、推自有品牌中進行拉鋸。

也有狀況是，幫大品牌（知名大廠）代工，品質已經做到直接讓大品牌（知名大廠）直接貼牌出貨，其他想要同類型商品的盤商，拿知名品牌貼牌的商品上門殺價，給的價格已經跟給大廠差不多價格還被嫌貴，重點還不能說大品牌的這商品是自己做的。這我相信都是台商在國際參展時，經常遇到又心酸又開心的事情。心酸的是因保密協議不能說，開心的是產品被更多廠商認可。

上述只是一小部分實例，這些事情每年、每月，我們的台商都在世界各的發生類似事情，我們多年服務過程中很清楚，這是很可惜的，因此我們持續思考，找出有效、具體的服務方案，如何協助我們客戶，致力突破這方面的困境。（請參考第三章）

創新是否可獲得青睞？

獨門、冷門、供應鏈中細分產業的企業家

具備特色的與優勢

- 累積獨門資訊以及經驗
- 願意吸收新知跨界學習
- 把其他產業當中的技術與知識應用在他們專業領域
- 建立起的有效地創新商業模式或是創新的技術產品

補強銷售端的能量

挑戰

研發 → 銷售

被中國或東南亞競爭對手發現後在幾個月內進行逆向工程仿製，在競爭對手的規模經濟優勢下，將產業價格壓到我們的成本價。

產業有關稅貿易等障礙，或是幫大品牌(知名大廠)代工，因保密協議不能說。

從而競爭力遭到削弱

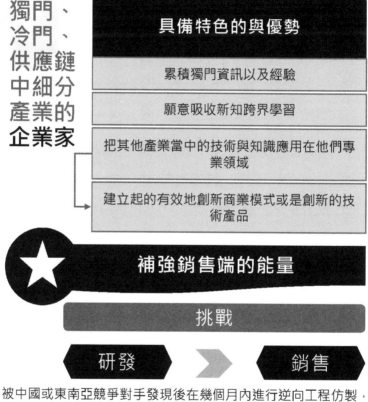

【D】評估補助同時評估現實狀況

另外在專業細分的現今產業中，無論是何種公司在成長上都會受到困境，因為大環境經濟的影響供應鏈中物流等等不確定的因素，造成各種研發上難題，這些難題不是技術所造成的難題，而是大環境造成的，但對計劃而言這些都是必須思考及考慮的問題。

例如訂單延宕因俄烏戰爭導致關鍵零件，卡在海上運不回台灣，合約研發、交機時間要到，卻因外在因素導致計畫無法順利結案。在計畫執行當中，經常遇到諸如此類的種種問題，我們也都陪同客戶努力去克服，也想辦法鏈結資源，讓客戶如期研發完成。

我們認為，一間好的顧問公司，不是以過案為標準，或是義務性、例行性的核銷，而是要站在客戶的角度，想辦法鏈結資源，解決問題。能夠解決突發狀況的公司才是好的顧問公司，而不是把責任推給客戶，就擅自結案。在本公司成員觀念中，解決問題這是我們的責任，也是義務，更是一家以頂尖為目標的顧問公司成長的基礎。我們需要的是與客戶建立起互信基礎，共同努力。

回過頭來，我們如何在補助同時評估現實狀況，在計劃角度，我們可以設定出明確範圍藉此查核並量化，在市場上肯定有數種方法能去驗證、證明、反覆測試，進而可以結案。但在實務服務過程中，更重要的是讓客戶產品，可以讓市場去驗證可行性，進而建立起完善的研發制度，培養正確的觀念，以及在服務過程中，建立起自我反省，優化關鍵能力，是我們在服務當中除補助案協助外，另外一種價值。

因為我們發現有些時候，客戶研發過程中所面臨的問題，對某些不同產業早已經克服。且成本極低、成效極好。當然這都需要經過實務測試，確認有效性。但對於客戶而言，會有一個良好的執行方向參考，進行研究。

也因此我們公司內部已經持續建立這方面跨領域知識資料庫，在保護客戶商業機密情況下，每周定期更新與擴充，進行各產業發展狀況做紀錄與分析，希望能在每次服務客戶過程中，能夠提出相關具體建議，協助中小企業理解、增加他們的認知範圍，這個過程也是我們幫助客戶，在產業創新上找出更關鍵突破的參考，也是我們顧問公司在服務客戶的一個重要價值。

我們在協助客戶時，會根據客戶的狀況，進行相對應適合的評估，將累積的知識與經驗用學術與實務整合，協助設計以及量化標準，進而達到研發成功。委員認同計畫通過、市場上買家願意接受，在國際市場上仍具有競爭力，是我們的目標。

創新是否可獲得青睞？

—— 評估補助同時評估現實狀況 ——

無論是何種公司在成長上都會受到困境

一間好的顧問公司，不是以過案為標準，或是義務性、例行性的核銷，而是要**站在客戶的角度，想辦法鏈結資源，解決問題**

持續**建立跨領域知識資料庫**，每週定期更新與擴充，進行各產業專業能力數據分析

客戶的產品，可以**讓市場去驗證可行性**，進而建立起完善的研發制度，培養正確的觀念，以及在服務過程中，**建立起自我反省優化的關鍵能力**

客戶研發過程面對的問題，在其他產業或已經被克服，且成本低，成效極好，能以此**提供一個良好的參考方向**

二、創新工具參考 TRIZ 萃思

本公司在計畫規劃階段時，會有專人根據 TRIZ 進行檢核，思考與優化創新技術與內容，並與廠商討論初稿計畫內容。

【A】何謂 TRIZ 萃思？

根據維基百科所提，TRIZ，（俄語：теории решения изобретательских задач 俄語縮寫「ТРИЗ」翻譯為「發明家式的解決任務理論」，用英語標音可讀為 Teoriya Resheniya Izobreatatelskikh Zadatch，縮寫為 TRIZ。英文說法：Theory of Inventive Problem Solving，TIPS），可理解為發明式的問題解決理論，也有人縮寫為 TIPS。

TRIZ，正體中文翻譯為「萃思」，取其「萃取思考」之義。

它的理論核心包括：基本理論和原理，具體包括：

總論（基本規則、矛盾分析理論、發明的等級）、技術進化論、解決技術問題的 39 個通用工程參數及 40 個發明方法，物場分析與轉換原理及 76 個標準解法，發明問題的解題程序（算子），物理效應庫。

【B】根據 TRIZ 理論，創新可分成五種層級。

如下頁表格，創新在自行思考同時，也需要積極的尋覓市場上是否有同樣類型的產品。也可以從中重新思考設計創新性的工具與標的。

層級	內容	比例	範例
第一級創新	外觀修改，參數調校，技術上無創新	32%	【汽車】增加汽車駕駛舒適度的小配件。 【餐飲】設計新料理餐點
第二級創新	已存系統的少許改善	45%	【汽車】可調整式方向盤，增加汽車舒適度。 【餐飲】可產生不同化學變化。例如中越式結合、中西方結合等。
第三級創新	主要改進，本質內的發明	18%	【汽車】自動變速取代手動變速，增加駕駛汽車舒適度 【餐飲】分子料理形式呈現
第四級創新	新的觀念，本質外的發明，在科學中找答案，而非在技術中	4%	【汽車】陶瓷技術及記憶合金使用於引擎汽缸及活塞環，增加引擎效率及增加駕駛舒適度 【餐飲】自動煮拉麵設備。
第五級創新	新發現	1%	【汽車】氫燃料汽車、電動車等領域。取代傳統能源驅動。 【餐飲】(舉例)無機物，例如木頭、石頭可以吃。

何謂 TRIZ 萃思?

第一級創新	第二級創新	第三級創新
32%	45%	18%
外觀修改 參數調校 技術上無創新	已存系統的少許改善	主要改進 本質內的發明
增加汽車駕駛舒適度的小配件	可調整式方向盤，增加汽車舒適度	自動變速取代手動
設計新料理餐點	可產生不同化學變化。例如中越式結合、中西方結合等。	分子料理形式呈現

一至三級創新佔據創新比例中95%：在我們生活中會經常出現

第四級創新 4%	第五級創新 1%
新的觀念本質外的發明在科學中找答案而非在技術中	新發現
陶瓷技術及記憶合金使用於引擎汽缸及活塞環，增加引擎效率及增加駕駛舒適度	氫燃料汽車、電動車等領域。取代傳統能源驅動
自動煮拉麵設備。	(舉例)無機物例如木頭、石頭可以吃

四、五級大部分是中大型公司研發項目：透過實驗室不同的材料研究，進而替產品以及相關的設備零組件做革命性的調整以及創新。

各位會發現，第一二三級創新—在我們生活中會經常出現，且也占我們創新比例中95%。第四級創新，則是需要跨產業結合，例如煮拉麵的設備，需要自動化設備上以及拉麵廚師共同合作，跨界整合創新，從領域以外尋找新的答案，有時這樣的突破往往可能會替產業界帶來不一樣的結果。

而目前我們發現，在中大型公司研究發展項目，通常是落在第三級、第四級的創新為主，透過實驗室不同的材料研究，進而替產品以及相關的設備零組件做革命性的調整以及創新。少部分具有深技術的廠商，則會在不同產業上研發獨有設備（例如自動煮拉麵機），從原物料、材料著手也是一個不錯的方向。都深具市場未來潛力。

而發明層級與「TRIZ」的關係，請見表二。

層級	內容	比例	TRIZ 工具
第一級 創新	外觀修改，參數調校，技術上無創新	32%	無須 TRIZ 工具
第二級 創新	已存系統的少許改善	45%	40 項發明原則 技術矛盾
第三級 創新	主要改進，本質內的發明	18%	76 個標準解 物理矛盾 分離原則
第四級 創新	新的觀念，本質外的發明，在科學中找答案，而非在技術中	4%	ARIZ
第五級 創新	新發現	1%	無

如果各位對 TRIZ 的創新研究有興趣，網路上有大量資料可以找尋。來分析以及評估創新標的。

在我們輔導與客戶討論創新標的過程，與客戶討論的是實務創新效益，與市場競爭對手、客戶要求綜合做評估。從中推理、蒐集資料、判斷是否客戶都有這方面需求，市場上卻無類似競爭品。投入後也要找出競爭優勢，確保競爭對手在跟進競爭優勢前，有足夠時間投入下一個研發項目。

許多實務經驗豐富的客戶，經常跟我們說，競爭優勢，我真的想不出來，看到市場有機會，我感覺做得到我就做下去，然後就成功了。

聽起來很突兀，匪夷所思，**但長期輔導過程中我們也得到一個感悟，一個服務、一個產品、一個事業的成功，向來都是水到渠成，不是因為他做某一件關鍵的事情讓他成功，而是他長年累積的專案經驗以及執行的紀律、累積的能量，當他把相關成功條件、資源配置好，剛好市場時機感覺要來了，他在時機下做成那件關鍵的事情，他才成功。**

如果是其他的人做同樣的關鍵創新，也不見得會成功，因為沒有先前的累積。或是太早投入，撐不到市場春燕來，太早到的先知只能被供在桌上，因為成功需要天時、地利、人和。若從經營角度來看，會發現如果他研發完成，但他沒有產業上、中、下游的支持、消費者有一定認知，產品沒有辦法如此快的上市。如果他沒有參加那一個關鍵的展覽，剛好那一個大客戶看到他的產品。如果他沒有熱心去幫一個客戶看一下設備故障的原因，剛好聊到需要的設備。可能許多契機就因此錯過。

很多很多的如果，但這些如果都是各式各樣的小累積，才會成功。所以成功有運氣性在，我們能夠做的就是察覺判斷機會、提高我們的運氣報酬率。好運與壞運，需要的是挖掘與判斷機會的能力，並在掌握好運與壞運的運氣報酬率上做好平衡，壞運時厚植實力等待時機，好運時則可把握機會發展並替壞運時做準備，與競爭對手拉開距離。在商場上類似這樣的案例屢見不鮮。

創新在我們看來難以模仿也是如此。為何大公司投入、模仿後可以直接搶走大部分市場占有率，原先的創新者小公司只能賺到賴以維生的金額。也是因為他們大公司累積的能量以及資源可以做出成本更低、更快、更好、更大量、更有品質的產品或服務，且可同時迅速鋪貨到全世界各大通路。

如何在這個過程當中有效的研發、預先防範、爭取訂單、投入研發，讓小公司茁壯、有機會成為大鯨魚，也是我們在持續研究解決方案的重點項目。

三、如何判斷自己適合送什麼補助？

通常有關於判斷自己適合送什麼補助，我們會建議廠商先判斷自己公司正在事業發展的哪一個階段？下圖最主要說明的是創業計劃、研發計劃、行銷計劃。原則上我們會區分成這三個階段：

【A】創業計畫

一開始在創業時，政府的計劃會以特定年限作為我們的區分的單位，例如2022年-2023年期間，是以5-8年為創業年限。每種政府部門、不同計劃都有不同的評估標準。通常在我們創業型計劃提出創業標的，經過委員評估可行後，政府會提供一筆補助款，讓新創企業作為研發的初始資金。

【B】研發型計畫

當撐過創業草創時期，公司營業額成長，聘請的投保人數增加後、生產開始穩定，我們接下來就可以來進行研發型計畫。研發型計劃主要可核定的經費科目：① 人事費、② 材料費、③ 委托研究費、④ 研發設備折舊攤提等，這些會計科目會連動到我們所研發標的查核點、查核點內容對應到我們的團隊陣容與背景，從中反推計畫創新性、競爭優勢等等。盡可能說明讓委員認同我們企業在經過市場上考驗後所構思出的創新標的。

其中研發型補助，我們的建議投保人數最少要有 4 - 5 個人，資本額 1,000,000 以上，這樣在申請補助款才不會落得僅能申請到小額補助款，卻要花 1 年的時間將整個專案完成的窘境，也就是賠了夫人又折兵。原因在於人事費核算基礎是以投勞工保險、就業保險作為人事費的計算基礎。而**補助款的上限是資本額**。因此在評估申請這類型研發補助案時，建議公司實際已經發展到上述之人力，再進行研發補助案申請。

【C】行銷型補助

當產品研發成功，且營業持續上升，開始要加強國內外行銷時，政府也有提供行銷型的補助，最主要的特色就是可以申請廣宣費、贈品費等補助。

整體而言，該類型計畫除創新性外，需要創造營業額作為優先考量，過程中若有創新行銷策略與手法則更佳，具體如何做到有效指標更必須量化。且營業額一定要大於申請之補助款，金額越多越好。當然這一個部分委員會衡量可行性、達成率等等。這部分行銷型計劃，建議公司必須具備一定營業基礎以及能量後，才建議送件，因為行銷型計劃往往沒有設置規模門檻，例如中小企業才可申請。因此會有許多種中、大型公司，甚至是集團級別、知名企業來送該補助，導致名額爭取上會有一定難度。

如何判斷自己適合送什麼補助?

創業計畫

7年為評估新創的時間
(根據當年政府公告)

- 提出創業標的
- 經過委員評估可行後
- 政府會提供一筆補助款
- 讓新創企業作為發展研發的初始資金

行銷型補助

創造營業額作為優先考量

- 創新行銷策略與手法則更佳
- 營業額一定要大於申請之補助款
- 必須具備一定營業基礎以及能量

研發型計畫

投保的人數最少要有4-5個人
資本額1,000,000以上

研發型計劃主要可核定的經費科目：
1.)人事費
2.)材料費
3.)委託研究費
4.)研發設備折舊攤提等

這些會計科目會連動到我們所研發標的**查核點**，
查核點內容對應到我們的團隊陣容與背景，從中反推計畫創新性、競爭優勢等盡可能說明讓委員認同我們的創新標的。

四、委外單位的重要性？

【A】委外單位是什麼？

委外單位是指政府計劃研發過程中，所委托計畫執行的支援伙伴。例如公司負責研發以及製造，但計畫在最後驗收階段，委托第三方驗證，這個部分我們就稱之為委外單位。通常委外單位，會明確定義可執行範圍及明確結果，驗證計畫成效。但計畫過程主要關鍵技術必需要由計畫主導公司自行來負責。若全都委外，也代表公司本身能量不足，無法有效支撐計劃的執行。該計畫即視為不可行的計畫。

所以在委外單位選擇，必須兼顧計劃的執行可行性，以及團隊本身能量，未來的驗證方式等等因素。來進行委外單位的合作。

另外值得注意的是，委外單位屬於計劃執行的重要伙伴 因此建議不要輕易、頻繁去更換委外單位，這屬於重大變更，需經過委員審查，同意後才可進行變更的項目。因此在初步規劃時，不可不慎。

【B】如何判斷好的委外單位？

在如今術業有專攻的年代我們的專業分得越來越細，因此同樣一個好產品、好的服務很難會是一間中小企業獨立可以達成的，所以政府在這一個部分提供委外單位的合作管道。

委外單位是我們整個計劃的助手，是我們整個計劃的支撐者。

委外單位，是我們整個計劃的第三方，幫助委員去驗證，確認這個設備或是服務是否可行。

委外單位不只有上述的兩種角色，也有更多種的應用為委外單位，我們在選擇時，必須要慎選，最好是長期合作或可信任之夥伴。因代表的是我們計劃當中與我們並肩作戰一同把專案完成的廠商。若今天這委外單位在計劃執行過程中，因發生變故、糾紛等等問題，不願或無法協助公司處理，會導致計畫中斷或無法進行。會造成整個計劃不可預測之風險大幅增加，且委外單位的變更，若理由不充分委員不同意，會直接駁回變更，要求廠商用原先計劃委外單位執行或該項目減價驗收，這會嚴重衝擊、影響到整個專案行進，以及整個計畫的運籌分配，委員對該公司的觀感。因此在委外單位的選擇上，不可不慎。

委外單位-1

委外單位是什麼？

政府計劃研發過程中
所委託的其他計畫執行的支援夥伴

注意事項：

➤ 主要關鍵技術必需要由計畫主導公司自行來負責

➤選擇對象兼顧計劃的執行可行性

➤因此建議不要輕易、頻繁去更換委外單位

如何判斷
好的委外單位?

長期合作或可信任之夥伴

若今天這委外單位在計劃執行過程中，因發生變故、
糾紛等等問題
不願或無法協助公司處理
會導致計畫中斷或無法進行

更換委外單位是重大的變更

如果委員不同意
要求廠商用原先計劃委外單位執行
會嚴重影響專案進度以及運籌分配

【C】與委外單位產生糾紛該怎麼辦？

在研發過程中會發生很多，不可預測之因素。其中最經常發生的因素，政府計畫通過後的補助款與原先規畫落差過大。例如原先規劃委外開發需要60萬，政府計畫通過僅提供40萬，因此計畫通過後必須跟委外單位討論40萬是否可以執行？反之亦然，委外開發申請60萬通過後給90萬，計畫該如何執行？

原先規劃的預算金額在實際通過政府計畫都會有不小幅度的變動，如何與委外單位討論與籌劃，是一項非常重要的重點。因為這些預算規劃若沒有妥善討論，極有可能造成計劃無法執行，甚至通過後放棄。

因此我們在委外單位合作上必須要審慎。

幾個建議原則，如下：

① 今天你選擇這個委外單位來進行計劃。無論是法人單位或私人公司做委外單位，也就是你對政府承諾這間委外單位是可以在計劃期間內，有效完成我們委外項目的公司。

如果沒有辦法完成，申請的公司在委外該計畫的比例就必須被減價驗收。執行計畫的公司必須負起把關的責任。

② 委外單位建議選擇有合作過的公司或法人單位優先。因為有過合作，雙方都有一定的默契，以及知道雙方的作業流程以及服務品質，可有效地掌握整個專案的進程，確保整體計劃執行可以順利。

③ 委外單位最好要能夠協助，做原先承諾以外更多事情，配合度高的公司或法人。因為在實際執行政府計劃要求，有時會因委員其他要求，導致要寫更多或做更多報告，或驗證資料、或要求的舉證條列相關的數據。同時須討論到未來計畫結束後的技術如何交接、維護、授權等成本，並納入計畫考慮項目。

這部分若委外單位不願意配合，也有可能導致整個專案的委外及協商之查核點無法有效驗收。

【D】如果計畫已通過，最後無法驗收，與委外單位發生衝突，該如何處理？

我們先做一個假設，雙方公司都是理性狀態下進行客觀協商處理。在這個過程中，越早評估、越早發現問題的發生就是關鍵。如果雙方都是到最後一刻，計畫截止日當月才發現做不到，那麼沒有任何補救的機會。所以在我們的計畫執行上預判是非常的重要的關鍵環節。

委外單位-2

必須負起把關的責任

今天你選擇這個委外單位
來進行計劃
無論是法人或私人公司做
委外單位
也就是你對政府承諾

如果沒有辦法完成就必須
被減價驗收

合作過的公司或法人單位優先

因為有過合作雙方都有
一定的默契

知道雙方的作業流程
以及服務品質
可有效地掌握
整個專案的進程

配合度高的公司或法人

最好要能夠願意
做原先承諾以外更多事情

因為在實際執行政府計劃
要求時，委員會要求更多
的報告等數據

無法完成任務

越早評估，越早發現問題
的發生就是關鍵

若計畫前一個月發現，則
可進行計畫變、更計畫展
延、更換委外單位等，
作為計畫緩衝的策略

【E】委外單位提供專利授權或其他委外項目，但這些我用不到我還需要買嗎？

是的，一定要買。

因為政府補助計畫通過之後所有寫在計劃當中的費用都必須要如實的發生，包含人事費、材料費、委託研究費，通常糾紛發生最多的都是以委託研究委託勞務、委託授權等費用為主，但該委外項費用最高可佔總經費之60%，若是不發生這一個專案就會將該項費用（委託費用）予以扣除。

這個問題通常發生在跟許多研發單位合作，若是跟法人合作，通常是委託研究、勞務、檢驗或是購買專利授權等類型。合作當中提供專利授權的服務，但雙方沒有講清楚權利義務，包含計畫結束後該專利或是技術是否還有其他衍生性支出，支出類型包含每年維護費、每年授權金等，當廠商在通過計畫之後才發現有這類型的額外支出，這都容易造成合作雙方誤會與糾紛。

若再舉其他例子，若是跟學校合作，計劃中產生之專利，所有權通常都是屬於學校，廠商只有使用權，若無事先討論在計劃通過之後是很難去更動的。

這些情況在業界是屢見不鮮的情況。因此在計畫申請送件前完稿階段起一定要跟委外單位進行密切的討論。避免該專案通過之後造成該項費用無法核實之風險，造成大筆經費得扣除。

因此選擇委外單位對於相關委外單位所產生的法規面問題、制度面問題都需要審慎評估，避免前面忙一整年，結果過案之後也難以核銷，白費功夫。

委外單位-3

委外單位**提供專利授權或其他委外項目**，但這些我用不到我還需要買嗎?

是的 一定要買

政府補助計畫通過後**委外項費用最高可佔總經費之60%**
若是不發生這一個專案就會將該項費用(委託費用)予以扣除

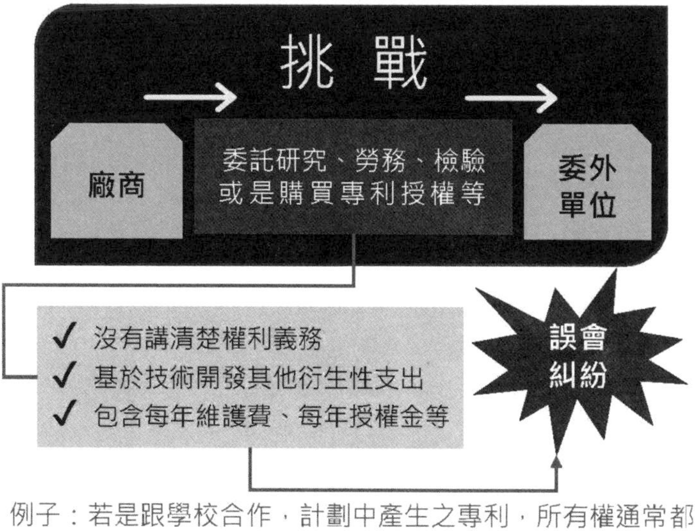

例子：若是跟學校合作，計劃中產生之專利，所有權通常都是屬於學校，廠商只有使用權，若無事先討論在計劃通過之後是很難去更動的。

- ❑ 計畫申請送件前完稿階段起一定要跟委外單位進行密切的討論
- ❑ 避免該專案通過之後造成該項費用無法核實之風險導致大筆經費得扣除

【F】我可以都不找委外單位嗎？

有關於這一個部分牽涉到政府的補助案之預算規範。

通常我們在核銷上面會根據產業別的不同，有不同的編列預算及方式。舉例來說資訊類的公司，通常因軟體屬於無形資產，只能編列人事費、委外費、些許材料費。委外動作代表的是，本公司沒有閉門造句，我們有去尋找市場上先進技術、前瞻技術、第三方驗證，作為提升或佐證研發成功。若是其他領域例如機械、化工等，通常都可編列材料費、設備折舊攤提等，協助預算做彈性編列，設備的部分，則根據財產目錄清冊的產值來計算。

因此我們在評估規劃的時候，會根據所送的補助案之會計規則以及我們認知到的公司實際內部狀況，協助評估設計規劃適合送的補助款項目。

這部分評估非常重要，因為若評估出錯可能導致規劃好的材料費，或許委外費用不能核銷。

因為不同的科目都有不同的級距。

舉例來說，人事費占總經費的 60%
材料費，占總經費的 10% 到 20%
委外費用占總經費的 60%

若我們總計畫經費 160 萬，補助 70 萬，其中委外總經費 60 萬。但是我的委外項目的單據無法核銷，因為發生的某些突發狀況，例如發票時間是計劃期間以外、金額跟名稱細項錯誤，各種因素導致委外經費 60 萬無法認列被減價驗收，故整個計畫會從 160 萬減價 60 萬剩 100 萬，一整年的辛苦最後入不敷出。

因此，這部分是我們公司在服務客戶時，一直時時叮嚀的。

判斷與規畫，需要多年經驗累積，同時建立資料庫，對於每種政府計劃會計的原則、公司的情況、都須納入評估。因為顧問這一行最重要的是經驗傳承與數據分析、知識保密。人會因經驗豐富讓判斷力提升，但也因為年齡提高記憶力下降。若該關鍵知識掌握在單一人才上，但該人才離職，都有可能造成該公司中知識產生斷層，因此本公司在很早之前就已經投入經驗數位化或是經驗及經驗集中管理，確保公司當中負責執行的承辦人員，都能夠從過往每年累積的資訊協助客戶做深度管理、預防嚴重風險發生。

委外單位-4

我可以都不找
委外單位嗎?

委外動作代表
本公司沒有閉門造句
有去尋找市場上
先進技術、前瞻技術
協力廠商驗證
作為提升或佐證研發成功

牽涉到政府的
補助案之預算規範

核銷上面會**根據產業別的不同**
而有不同的編列預算及方式

總經費

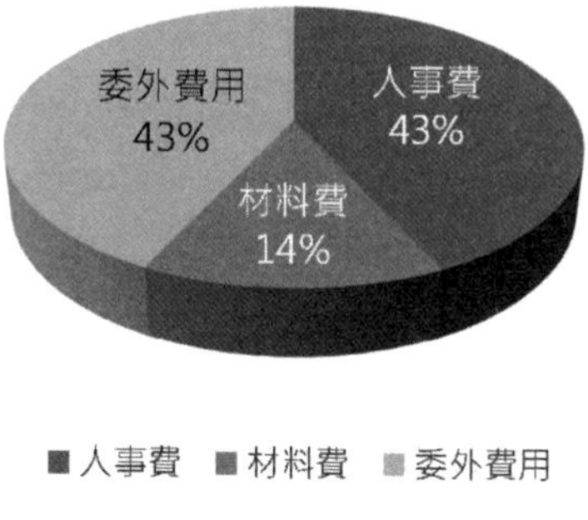

例

補助款100萬委外60萬
整體計劃經費為160萬

↓

若委外項目的單據無法核銷

↓

60萬整筆無法認列
整個計劃當中紙本認列
原先的100萬

↓

對於公司而言
是被減價驗收的項目

五、申請政府補助，經常性擔憂事情

【A】我申請政府計畫，政府是否會來查稅？

不會。因為稅務機關是國稅局，企業政府補助是政府各大部門發包給法人單位或公司，例如經濟部中小企業處、經濟部商業司、經濟部國貿局等。雖都是政府體系，但都是完全獨立的單位。並發包給法人單位承辦計畫。與國稅局體系更無關聯。因此計畫辦公室才會在申請政府補助時，要求公司提供最近一期無欠稅證明、資料。確保公司無欠稅。

Q：若我目前有做稅務分期該如何處理？

有些計劃可以提供分期繳稅證明，但每年狀況不同，可以詢問計畫辦公室是否接受，確認再來申請企業政府補助較佳。

Q：為何欠稅不能申請政府補助？

不同單位都會有不同說法，但基於公平與公正原則。對於合法繳納稅金之公司會有公平性問題。且計畫辦公室如何規定，就會依規定辦理。

且政府會擔心，該公司欠稅代表公司營運體質不良，在欠稅狀態下，如何確保政府補助款，會如期如實地運用在研發的過程會有疑慮。

所以我們建議合法的繳稅完成或確認分期繳稅仍可送件的計畫，在專心研發與放心爭取政府資源。

【B】政府是否會追討以前之補助款項？

政府補助不會追討之前的補助款，政府補助後只要我們可以如期如計劃中的完成，我們的查核指標並且有符合計畫的人事單據等等，資料管考上是否如期核銷。補助結束後，我們僅需要配合三年期的營運狀況市場調查。

這部分結束後該專案就會記錄在政府的資料庫中，若貴公司未來三年後、五年後，若還有再送相關政府補助，計畫辦公室會知道並要求做計劃差異比較說明，確認沒有一魚兩吃，進行查核。

因此，無需擔心，需要注意的是會計師期末對於這筆政府補助款入帳的處理方式，這部分有各種不同處理方法，因此請依照特定計劃，進行確認。這部分要特別注意。

六、創投跟政府企業補助有何不同？

創投公司，在早期有一段時間非常盛行，透過創投團隊資源，將背後的人脈、通路、制度、經驗等等，幫助一間具有高度市場潛力的新創事業，迅速擴大規模，因此創投在尋找投資標的的時候，有多種考量，是否具有高度槓桿性（邊際成本低）、爆發性成長潛力或是高度技術門檻、具備豐厚市場資源等等。但創投投資，需要提供股權作為回報，且估值通常創投與創辦人有落差外，想要取得創投青睞與發展事業兩者兼具，是一項困難的事情。

政府補助與創投最大差異，政府補助是不用還款的經費，不是貸款、不是創投，是政府的一項德政，希望能夠成為產業發展的典範。

但在一般類型（A+、產業升級等補助無上限的計劃外）政府對於補助預算的分配上是雨露均霑，無論今天是符合時代潮流趨勢的前瞻產業，例如環保淨零碳排、或是做手工具，或是文創桌遊等等文創產業。政府都提供相對應預算，提撥給相對應補助部門，作為獎勵及投資方式，協助企業成長。

若是冷門產業則會在某些計畫中加分，您的產業是屬於夕陽產業、農漁業等，都是具有加分性。因為政府補助不會只看重熱門產業。對於冷門的產業也會給予相對應的協助照顧。社會企業等等也是如此。

因此，我們可以做個小結論。

如果您是符合時代潮流趨勢，同時擁有一流團隊、一種技術、一流專業產品，那麼尋找創投會是其中一個選擇，因為找創投同時送政府補助，兩者並沒有衝突，政府也很樂意看到台灣的企業獲得國際知名創投的肯定，讓台灣的企業走上國際，並持續申請政府補助，加速研發進程。

若您是屬於較冷門的產業，或是我們一般市場上的主流產業，雖然我們的創新沒有辦法改變世界，但是我們的創新可以幫助產業形成典範或是標準，或可以幫助某產品能量更具有競爭力、效能提高、良率提高等等。這些都是符合政府補助的範圍。

我們送補助前，不能只有理想、夢想，我們需要的是實務的執行，必須要拿出證據，讓政府明白計畫案是自己願意投入的經費，才可以去找政府補助，因為政府要看的是我們創業家的決心，而不是拿到錢之後再啟動的事業。

所以企業家投入多少心血、在社會上已經取得多少肯定，這些能量對於我們送政府計畫是有加分的，我們要知道，政府計劃不會是在經營非常困難時雪中送炭，因為這時補助已經為時已晚。

只有企業不放棄，並且提出對未來的願景與計畫，把路先打出一個小徑，並告訴委員，才有機會取得政府補助。

創投跟政府企業補助有何不同？

創投

投資標的
具有高度發展潛力的新創，符合時代潮流趨勢的產業

提供創投背後的人脈通路資源制度經驗社會的運作規則

幫助一間具有高度發展潛力的新創**進行迅速的規模擴大**

政府企業補助

政府補助對於預算的分配上是**雨露均霑**

夕陽產業或是產業在政府的補助當中都是**具有加分性**

無論是冷門產業，還是市場上主流產業，只要**能幫助產業形成典範**，或**讓產品價格更具競爭力**，**效能提高等**，**都能夠申請**

七、如果我沒通過企業政府補助，該如何調適心理？

送件失敗應記取委員的建議，重新檢討與改善計畫研發辦法。

申請政府計劃本來就會有幾家歡樂幾家愁，因為每一期政府預算不同，可通過的廠商數量也有所變化。有時比較多、有時少。但不要氣餒，因為大部分政府計畫若未通過，我們都會收到委員問題，這些委員問題代表的是委員對這專案的認知與想法，也是屬於計劃書中需要補足的地方。

而且不同的委員都有不同的專業背景以及知識含量，若送兩個計畫未通過，且委員問題類似，原則上要評估該創新標的是否與市場實際情形違背？或是我們技術其實沒有太大價值？或是簡報階段回答不佳？

從中檢討與改善計畫研發辦法，若公司本身就在研發階段，建議持續投入研發，將研發過程的經驗與委員意見做互相匹配，屆時，大部分都會恍然大悟，發現原來委員在想的是這些問題，也是我們研發中正在面臨的問題。

委員原則上會依照計畫辦公室的計畫申請須知，評分標準等進行衡量，從中擇優錄取，所以理解委員在思考方向，將我們計劃重新思考，如何將實際研發狀況轉換成計畫書，我們要如何的去說明，這才是關鍵。

如果我沒通過企業政府補助
該如何調適心理?

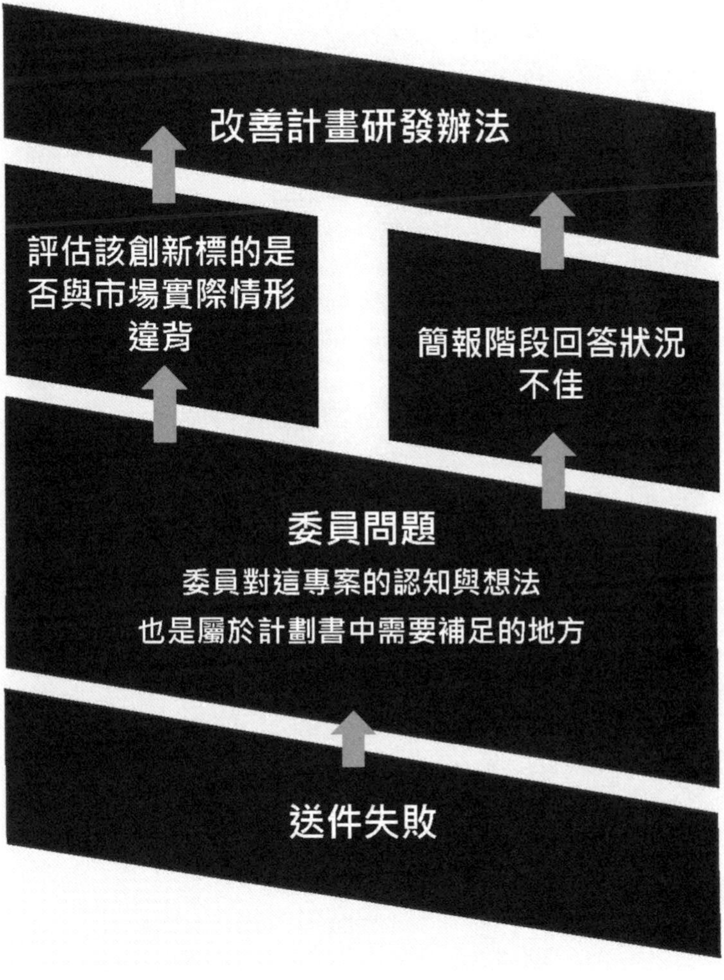
改善計畫研發辦法
評估該創新標的是
否與市場實際情形
違背
簡報階段回答狀況
不佳
委員問題
委員對這專案的認知與想法
也是屬於計劃書中需要補足的地方
送件失敗

八、申請計畫我的營業祕密是否會被外洩？

政府計劃原則上委員都有簽署保密協議。且委員並非是產業界的人士，因此這部分在外洩部分較無疑慮。

再者，公司經營通常都是複合性創新，往往難以界定單一類別或用一句話來簡述，當然，若有更多的技術揭露疑慮，可與我們討論實務規劃與安排。

此外，政府計劃在計劃期間內通常僅能完成一項標的。公司多年來累積的經驗技術，如何應用在產業、提高競爭力，或是產品中各種參數的優化或是品質的提升，站在我們的政府計劃補助立場，建議定義在明確範圍內的技術即可，而非是整個產業發展的技術。公司所研發的東西。所導入的技術、所得到的結果都可以在這產業中做更多元應用發展。

另外，我們根據不同計劃面向，所需要執行的範圍也會有所不同；舉例來說，如果我們今天產品可應用汽車領域，我們可優先聚焦在日系車款的研究，今日我們所描述的主題，就是日系車系。雖我們同樣技術改良也可運用在德系車款上。但我們不需要說明或納入計畫，因為不是這期間內之計畫範圍目標。只要我們可以證明在日系車款我們的技術是可行的，客戶願意購買，就可再評估日系車整體市場規模、市場通路。

技術創新性不同角度不同、面向不同、市場不同的執行方式，對技術表達也會有所不同。我們在說明上，務必邏輯清楚，市場明確，進行相對應的說明而無需把我們在產業中所有理想跟理念跟委員報告，因為我們時間有限，委員也注重補助計畫目標與宗旨，減少雙方溝通落差，進而可提高過案率。

九、做足功課可以自行送件嗎？

當然可以，政府在送件上也是鼓勵企業自行撰寫計畫送件。若公司的人員、行政能量、團隊資源都豐沛。我們也建議公司自行籌備送件。

但若公司專心在於研發以及經營，那麼委託好的顧問公司也是一個很好的選擇，主要是透過我們的經驗，不僅在過案率掌握上更準確，在結案過程當中有可能產生的各種突發意外風險，均可透過我們協助降低、並且減少團隊的工作量，進而完成。

但在觀念上，申請企業政府補助案，最關鍵的不只是撰寫研發計劃書，編列甘特圖、查核點等。政府補助計畫只是一種手段，不是公司發展的目的。公司的目的應是研發成功、推廣成功。政府的補助，只是幫助我們加速成功。

整體而言，前置行政作業、計劃書撰寫、簡報等，只佔整個政府補助計畫其中幾個環節，並非是計畫全部，前面幾個章節中也不斷反覆提到這個觀念。補助案可以區分兩大環節「申請以及申請前置的準備」、「通過計畫的執行」，兩者相輔相成。所以會從公司的可行性、創新性、計劃緣由、市場實務狀況的掌握…等等各種條件因素，衡量公司的執行能量，確保專案可順利地進行。

因此在申請政府補助前，我們建議也可以執行以下行動：

① 先行評估公司能量：

公司是否有申請 ESG、通過 ISO 相關認證、或 TTQS、精品獎、小巨人獎等等。民間如經理人雜誌的 MVP 經理人徵選等，建立社會單位對公司的肯定。

② 在平時便開始量化公司的執行能力：

盡可能地用明確數值，規範公司中所有研發制度。舉例來說，如果效能可以提高，請說明與傳統相較下效能可以提高 20%.；若過去所需花費時間為 1 分鐘，我現在只需要 40 秒

/1pic。這就是量化指標。

如果我們可以把所有的形容詞轉換成量化的數據語言，這份計劃書在委員的眼中，就會顯得非常的紮實。也代表貴公司透過數據在管理公司，而非經驗與感覺。這也是一家體質穩健、研發紮實的公司基礎。

③ 公司對於目標市場的理解：

您已經做足功課，清楚理解市場目前的輪廓與競爭對手，確認我們研發的標的物，不是業界習知技術，不是市場上熟捻之產品。若是研發市場熟悉產品，就要價格或品質、製程效能上與業界相較更好。

④ 先期研究投入與競爭優勢

先期研究，為公司在該創新標的，投入多少準備及心血，這些研究過程與經驗，是否讓公司學到寶貴的經驗，這些經驗包含參數、配方、何謂成功的方法？以及失敗的方法？

若這些都有紀錄、統計及分析，可幫助委員在本標的物上，確認公司是否可以達到研發成功目標。

而這些先期研究成果，最終在產品完成時，會變成其他競爭對手想要做相同產品或技術時的「競爭優勢」。過程越辛苦只要有自信心會成功，建議就繼續投入。因為想跟你做同樣產品或服務的競爭對手，他未來若要投入近似產品研發，必須走過跟你一樣艱辛的道路，因此當你投入的越艱辛，也代表你的技術障礙越高，不可取代性越強。再來配合專利的多國布局，以及關鍵配方的保護策略等。

當研發越困難，只要確保本產品具有前瞻性、未來發展性、客戶願意買單。您研發成功，未來所獲得的果實會越豐碩。

對計畫審查的委員而言，補助案研發「玩真的」，投入與付出，代表是決心，市場的分析，是風險的評估與控管。也是企業發展的重要關鍵。

另外所謂的創新，在計畫角度中都是需要透過比較而產生的，不能是自己閉門造車做出來的。補助案要的是紮實的創新，而非天馬行空的創意。搭配先期研究過程，委員才能判斷公司是否可以研發成功。因此若研發尚未執行，建議公司先行投入研發。

⑤ 對各種補助案的掌握程度

政府企業補助，包含 SIIR、SBIR、CITD、SBTR、INDP、A+ 等等補助案，若非經常性接觸的人，很難快速聯想到這些補助案對應的單位是何種單位。每一個補助案都有不同的計畫辦公室，每一個補助案的補助宗旨、評分標準都有不同。不同的產品、不同的項目。

而這些都對應到創新標的要挑選何種補助案，該補助案的會計科目如何核銷？公司內部會計稽核制度是否與之搭配？計畫撰寫時要用何種撰寫法，如何讓委員可以在審查、簡報期間內快速掌握我的創新性，要考慮的環節從書審、簡報、通過計畫簽約、通過計畫管考，期中報告與訪視，期末結案，流程非常繁瑣。

更多的過程，其實是運用政府的經費，幫助您的公司能【建立公司對研發、行銷制度性的執行能量與掌握程度】，這個過程其實才是政府補助的最重要，也是最有價值的一環。因為補助案款項一年最多 1 - 2 次爭取到政府委員青睞。但公司內部團隊建立起的行銷與研發制度，卻能夠無時無刻幫助公司創造價值。透過政府的補助把公司的研發制度建立起來，進而建立起更多元的創新更長久的創新這個才是企業政府補助的更重要目標。

而這個也是我們公司在協助企業客戶申請補助時，一直在幫助客戶的部分。今天就算小公司，未來他只要想擴大營業。不只是人才的準備，更重要的是制度的建立。而制度，很難一次性完善，而是在長期研發的過程當中，逐步累積研究，建立習慣，逐步做到完善的研發制度。好的制度是，主管決定方向與目標，研發或行銷部門會自主找尋方法，達到目標成果。這也是政府的期許與期盼。

章節結論

若公司有多餘的研發與行政閒置人力，並擁有與政府機關溝通之經驗或本身具備良好溝通能力，我們建議自行送件。

十、政府補助喜歡的公司類型

在輔導近千家廠商過程中，我們歸納出通過補助案企業有哪些特徵：

①合法、處事圓融的公司

不逃稅、與員工好相處（無勞資糾紛）。公司高層有研發精神，員工滿意度高流動率低。

②分析、溝通能力強的公司

研發前會進行市場分析、研究並量化市場競品缺點，從中設計出創新之產品，並且可以進行明確溝通表達。在研發之前會進行市場分析確認競爭對手產品。

③經驗＋實務＋溝通高的公司

這類型的公司雖然沒有理論的基礎，但是透過實務經驗以及謙虛態度願意透過各種的常識以及想法做各種的研究還有突破。整體的心態是開放的。因此會有更好的溝通能力，再跟委員的溝通的過程中可以接受委員的意見。這類型的公司都有不錯的過案率。

④有制度的公司

制度在這邊所提的是，明確分工，各司其職，產銷人發財，均有明確規範與制度。通常這類型的公司都有數十人、上百人的規模，並且人員的執行能力還有規劃能力都有一定的基礎。

⑤創新性強的公司

視產業別不同，有些公司持續投入研發，以及需要更多元常態性的創新，通常該公司都有高度的專業性或是明確的聚焦鎖定之技術或服務範圍。

⑥ 理性且觀念正確的老闆與公司

政府補助不是快錢，政府補助是研發或行銷補助，但過程中是需要用半年或一年時間，如實的做好查核點（KPI）研發，填寫好研究紀錄。才可以得到分批次取得政府補助。

企業政府補助，是將大公司的系統管理制度，透過補助的過程中，幫助中小企業建立起內部稽核管考制度，藉此提高中小企業的競爭力。

因此對於公司而言，爭取到政府補助，不僅是開心有政府的支援幫助研發新技術產品或服務。更重要的是在政府補助過程中，將其管考程序轉換成公司內部的管理制度與辦法，從中建立起可重複性的研發及管理制度。

一間公司要從 5 人以下公司成長到數十人至數百人，過程中讓公司成長的是人才，但要讓人才茁壯的是公司制度與處理辦法。

政府補助喜歡的公司類型

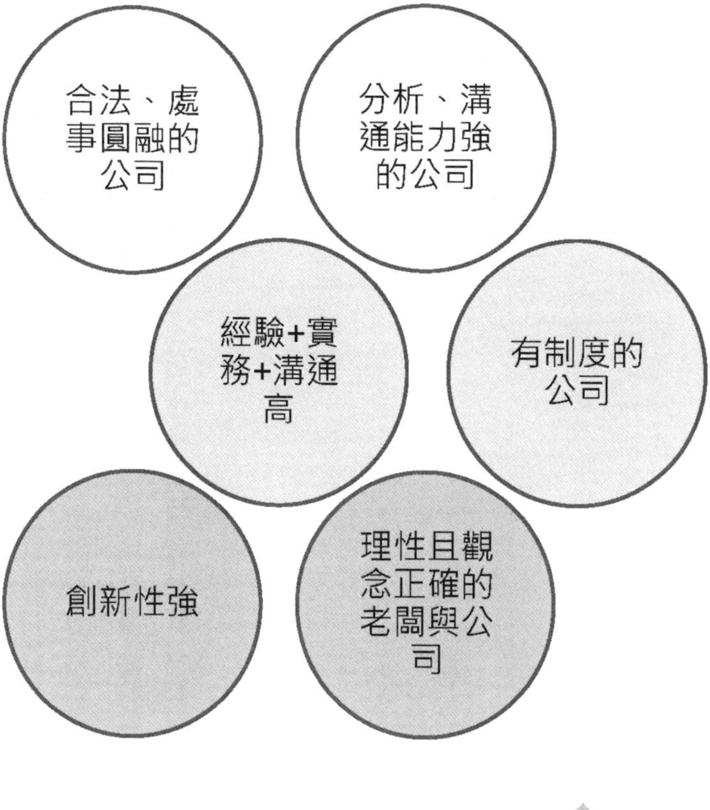

十一、如何選擇適合的顧問公司

顧問公司的價值在於協助公司節省摸索的學費，快速地找尋到適合公司的補助案標的。

如何根據您的需求，去選擇適合的顧問公司，建議如下：

① 如您想投入較多時間去專研補助案運作，並持續安排送件，公司內部成立企劃團隊，我們會建議自行安排。

② 如您想要透過代寫幫忙。先寫好內容然後其他都自行來運作，包含後續的核銷公司都會想要是自己的行政團隊來執行，那我們也會建議委托個人工作室。或是由我們的撰寫（不包含核銷）的方案。

③如果您想要的是在協助通過補助案，以及核銷結束以後，我們理解貴公司的能量，還可協助國內外行銷及推廣，那您需要的是一條龍的服務。也是我們在執行的項目。

如前述，政府補助案對企業而言。只是達成目標的一種方法，但絕非目的。企業的目的就是透過事業獲利，並且對社會產生正向的影響。

當企業，以補助案的需求，變成研發導向。而非市場需要，這就本末倒置。

對企業主而言，其實聚焦長遠關注的目標，往目標發展是企業成長的不二法門。我們也有遇過某些企業主，著重在維持企業規模上，但發現經營上面臨到更高的風險，原因在於市場詭譎多變、員工權益、通貨膨脹、訂單不穩定性、碳稅的要求，維持現狀在短期是好策略，長期而言仍需要成長與進步。

如何選擇適合的顧問公司

• 持續性的安排送件公司內部成立企劃團隊。

• 要投入較多的時間去專研補助案的整體運作。

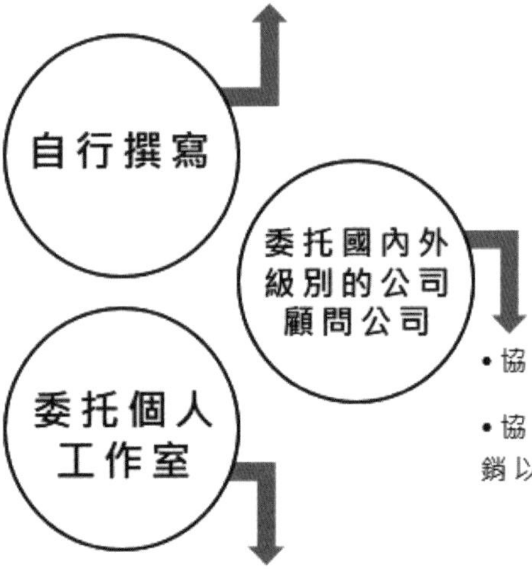

• 協助通過補助案

• 協助國內外的行銷以及推廣。

• 透過代寫的幫忙，先寫好內容，然後其他都自行來運作。

• 後續的核銷公司都會想要是自己的行政團 隊來執行。

十二、政府補助顧問公司常見嗎？

以本公司目前蒐集到的國際補助資訊，大部分國家都有類似的研發補助制度，例如日本鼓勵建議企業找尋顧問公司、專業人士輔導。馬來西亞則是類似台灣都可以，澳洲也有相關類型顧問業等。每個國家補助形式不同，做法也都不盡相同，以馬來西亞舉例如下頁表格：

政府補助類型	申請條件	可申請金額
SME 發展基金 (SDF)	- 具有在馬來西亞並經營的中小企業 - 企業在發展和擴展方面有明確的計畫 - 在提交申請前至少擁有兩年的業務經驗	最高 RM 500,000
綠色技術 資助計畫	- 具有在馬來西亞並經營的企業 - 企業計畫使用或採用綠色技術	最高 RM 10,000
青年創業 資助計畫	- 年齡介於 18 至 30 歲的馬來西亞公民 - 擁有創新和有前途的業務計畫	最高 RM 50,000
Halal 發展基金	- 具有在馬來西亞並經營的企業 - 企業計畫擴大其 Halal 業務	最高 RM 1,000,000
國際行銷 資助計畫	- 具有在馬來西亞並經營的企業 - 計畫開展出口業務並擁有一定的國際市場份額	最高 RM 2,000,000

▲ 智庫自行整理資料

如本公司目前在拓展的馬來西亞企業政府補助，就存在各種不同補助類型比如創業補助、數字化轉型補助、綠色科技補助、研究與發展補助等，最低的補助金額為 1 萬馬幣，最高可達到 200 萬馬幣（約 1400 萬新台幣）。根據廠商需求進行申請。

以 MIDA（Malaysian Investment Development Authority）為例，擁有專利技術或專利授權的馬來西亞公司，並在馬來西亞研發生產，就可申請技術創新挑戰基金的補助，申請金額介於 500 萬馬幣和 2000 萬馬幣之間。由於疫情的影響，馬來西亞政府也為受到疫情影響的業務量身定制特定補助計劃。協助當地與國外的廠商更容易獲取補助案的通過，甚至於把業務開拓至海外。

參

我們的目標與服務堅持

這章節，主要說明我們公司一路走來的目標與精神，我們希望如何服務客戶。且本公司是最熟悉政府補助制度的公司，也因此我們多年來亦將補助的管理制度應用在公司發展中，不斷求新進步，公司持續成長與發展茁壯。

一、TGSA服務定位與方向

【A】幫助企業從研發與行銷一條龍服務的顧問公司

我們初步提供全方位政府對企業補助案之輔導為核心專業。提供多元補助案一條龍1.0服務；但為替客戶研發完成的產品尋找出路。因此我們自台灣為出發點，幫助企業爭取政府研發或行銷補助後，推廣到國內外市場。國外市場我們鎖定日本、東南亞、南美洲、歐洲、美國等地。從研發到拿訂單打造一條龍2.0之服務。

TGSA服務定位與方向

✔提供全方位政府對企業補助案之**輔導為核心專業**

✔提供多元補助案**一條龍1.0服務**

✔為客戶研發完成的產品**尋找出路**

✔自台灣為出發點，**推廣到國內外市場**：
日本、東南亞、南美洲、歐洲、美國等

✔從研發到拿訂單**打造一條龍2.0之服務**

我們響應與落實台灣政府政策，提供「台灣政府企業補助輔導」Counseling the Enterprise Subsidy of Taiwan Government、「BtoB商務媒合」B2B Business Matchmaking and Referral、「前瞻課程與國際認證」Foresight course and international certification、等三大解決方案。幫助各企業加速擴大與升級的服務。成為企業與政府、企業與企業間的橋樑。

我們亦與行政院國發基金投資的大型企業物流公司合作，提供全美國物流服務。完成企業供應鏈最後一哩路。

TGSA服務定位與方向

TGSA & CUIP 臺灣智庫事業機構 法創國際專利商標事務所

我們響應與落實台灣政府政策提供以下三大解決方案：

「台灣政府企業補助輔導」
Counseling the Enterprise Subsidy of Taiwan Government

「BtoB商務媒合」
B2B Business Matchmaking and Referral

「前瞻課程與國際認證」
Foresight course and international certification

幫助中小企業加速擴大與升級的服務
成為企業與政府、企業與企業間的橋樑

我們亦與行政院國發基金投資的大型企業物流公司合作**提供全美國物流服務**完成企業供應鏈最後一哩路

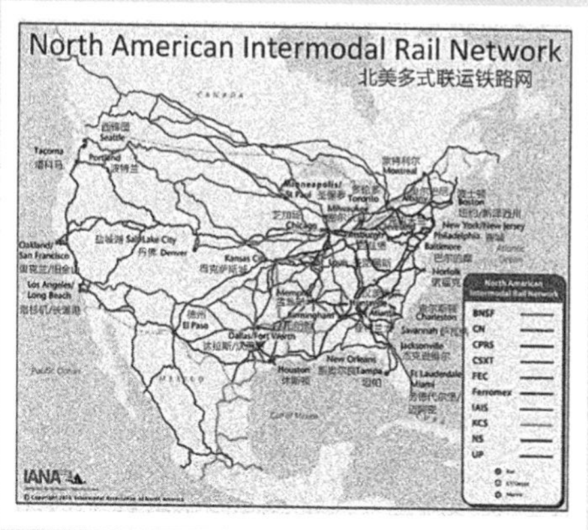

【B】我們能幫您解決的問題

①協助評估適合的政府補助案

因計劃完成後，公司也需要準備好相對應基本資料。送件前公司也需要去自主衡量適合貴公司的政府補助案，因為目前各個政府部會、部門，都有相對應的政府補助，每個補助案委員偏好及補助宗旨都不同，若送錯補助案，自然就白費功夫。

沒有確認好該計畫的申請須知，導致成送件被退件、不符資格，也都是要注意的問題。計劃書完成還要再做一個簡報，還要被委員再審查一次，如果準備不好一切過程仍無法提高過案率。

也因此各位會發現有通過政府補助案的公司，若是自行申請大部分都是高學歷團隊，因為需要準備充分的資料以及評估還有規劃、研讀申請須知，同時做好審慎的送件評估，還有進行產學合作，盡可能活用自身的各種資源，進而達到較高的過案率。這些其實在政府計畫辦公室多年開放申請過程中，形成一門獨有的默契與專業。這些也是我們顧問公司長年持續研究跟探討的部分。

② 讓公司將大部份精力聚焦在研發與產業發展

對您而言，需評估花費精力若投入在研發上是否更加划算？

因為政府補助是一個加速企業成長的方案，其中有繳交報告、準備報告、彙整報告的成本、與政府簽約繁瑣行政成本、計畫執行期間與辦公室承辦、會計師事務所、委員三方間的頻繁往來等等，絕非只有計畫中相關支出而已。因此評估自行送件，須審慎評估內部團隊資源是否可協調支應這部分成本，而非是讓公司勞師動眾，計畫執行後卻損益兩平甚至虧損的狀況發生。

因此累積大量各種補助案經驗的顧問公司，酌收部分費用，卻可幫助企業節省大量的時間，同時可以協助企業，取得政府補助加速研發，透過補助流程建立體制。也是一項不錯的選擇。

專業與有保密制度的顧問公司協助評估與規劃。例如本公司在協助補助案申請評估時，均會先進行公司體質、專業狀況的初步掌握，以及創新標的物的討論。挑選適合送的企業政府補助。

③ 協助彌補業界與學界之間的鴻溝

本公司在服務過程中，我們發現業界的語言與學界在技術上溝通是有鴻溝、落差的。最主要是協助將創新技術，轉換成委員看得懂的語言，同時幫助廠商做好簡報以及計劃相關的資料，並且提供經驗數據累積的資料庫，讓廠商在跟委員對談時，可以做好充分的準備。

當然每間顧問公司服務品質跟服務項目都不同 例如本公司提供到三年的保障送件的服務，那大部分的業界都是一次送件再多送一次服務。最主要關鍵的就是顧問公司是否有做好幫客戶的創新標的評估，評估後是否敢給予相關承諾。

④將標的物做執行上評估

評估的內容包含。這創新是否可行？評估是否符合委員審查標準通過呢？若可行，為何沒辦法做長期的輔導服務呢？

本公司原則上，可以做到完全協助，包含取得政府補助研發完成後的國際訂單爭取，一條龍的服務。時代在與時俱進，我們也會將國際的地緣政治以及商業情報提供給客戶，幫助客戶做更佳的商業發展判斷。這也是近年中大型企業願意委託我們的原因。

【C】顧問業也要數位轉型

在傳統的顧問公司，沒有明確產品，因此我們政府補助的顧問產業，較少有研究發展部門。本公司是少數擁有研發部門的顧問公司，聚焦在新商業模式創新服務研發與測試。目前落實政府提倡的新南向政策，積極協助臺灣的企業，將研發完成的成果，推向國際取得國外的訂單。因為我們是除企業自身以外，最清楚的他們產品的顧問公司，也因此在年度推廣上面更加無往不利。

我們服務據點，截至 2023 年 3 月底，設立台北、台南、東京、馬來西亞等 4 地辦公室。預估在日本跨國體系建構完善後，將複製、拓展至印度等台商較少之地區。加速企業與企業間的國際業務訂單取得。

TGSA服務定位與方向
顧問業數位轉型
擁有研發部門的顧問公司
落實政府提倡
新南向政策
截至2023年3月底
設立臺北、台南、東京、馬來西亞等4地辦公室
積極協助臺灣的企業
將研發完成的成果推向國際取得國外的訂單
建構跨國體系
加速企業與企業間的國際業務訂單取得

二、從研發到訂單的一條龍服務（持續優化的跨國曝光服務）

我們能夠協助的，不只是幫助您將研發的構思轉換成企劃書以及執行步驟，爭取政府的補助經費。我們也可以根據國際市場的反應，調整以及給予建議。並在規劃研發階段提出合適的驗證方法以及國際市場開拓的驗證佈局，最後推廣到國際市場上，爭取國際的客戶訂單。

我們不只理解貴產業、更理解相關供應鏈，以及您的客戶所需要的是什麼？這個過程我們都會在完成第一次政府補助案後，逐步根據您的狀況提供建議。因為每一次的合作對我們而言都是更加深理解公司狀況的過程。同樣的我們也能夠給您更多的戰略布局，做更多元的應用的戰略布局。

對我們而言這兩年的嘗試以及突破，花費了無數的時間以及成本，不斷的驗證錯誤，不斷累積人脈，不斷的嘗試新的推廣方法。日本服務及當地團隊，預計在 2023 年 6 月前即可穩定建立。後續不只深耕日本市場。包含馬來西亞市場部分，也開始將台灣課程推廣到馬來西亞，同時也輔導當地企業申請當地政府補助案，應用我們在台灣成熟的架構與體系，幫助馬來西亞企業申請當地政府補助案，並持續累積經驗建立符合當地的新制度，當地國家政府補助、課程服務等也都會在 2024 年開始進入正式推廣階段。並在後續幾年期間逐步發展到東南亞、歐洲、美國等地。

進入一個國家的市場，前面所需要花費的時間跟精神，所必須要累積的經驗及人脈，我們都替您先付出。幫助你在推廣上節省大筆的金錢以及費用甚至降低推廣失敗的風險。

更值得一提的是，我們將每年本公司所花費上百萬的廣告預算，與我們客戶共享。在 BtoB 廣告曝光率達 800 萬次以上，點擊率則達數萬次。每年投入行銷預算以及專人管理與客戶服務，近 10 人行銷業務團隊以及百萬預算，替廠商設計與規劃商務介紹，研究行銷導方案。我們的服務不再另外收費，且僅限定**委託本機構政府補助顧問服務**，才能享有方案之限期曝光福利。當然，也會有部分預算投入至國際廣告中，包含美國、日本、歐洲、東南亞，持續優化各領域廣告，精準提高臺灣企業國際能見度。

一年800萬次以上曝光

本機構每年BtoB廣告，曝光率達800萬次以上，點擊率達數萬次，企業有相關需求，均會優先選擇本機構洽詢，提供建議。

每年斥資上百萬行銷預算

每年投入行銷預算以及專人管理與客戶服務，近10人行銷業務團隊及百萬預算，替您設計與規劃商務介紹，研究行銷導流方案。

不另收費，限期曝光

我們的服務不再另外收費，且僅限定「委託本機構政府補助顧問服務」，才能享有本方案之限期曝光福利。

多國廣告，同時曝光

部分預算投入至國際廣告中，包含「美國」、「日本」、「歐洲」、「東南亞」，持續優化各領域廣告，精準提高臺灣企業國際能見度。

三、機密的把關——保密的重要性

【A】為何我們不公開專案實績？

顧問公司因為會經常接觸到各種產業的技術與 know how，也因此把關與保密對我們這行而言更為重要。因為今天若我們公開過案的公文，就可以從公文的編號、過案的金額、計畫的名稱從中去找出那一間公司的相關資料。會影響到許多不想公開的低調廠商。

且過往的專案實績，越早期的參考價值越低，原因在於計畫目前細則的調整是每 2 個月就會調整一次，有些一年一度的計畫，則調整幅度範圍會更大。因此才會發生之前過案的類型為什麼現在無法通過的情況發生。時代在與時俱進，我們的創新研發也更需要與時俱進。非去年的過案實績參考價值其實也逐漸降低，不符合實務需求。

【B】政府補助計畫辦公室並無與單一顧問公司有委託關係。

特別聲明，顧問公司是不會與計畫辦公室有任何關係的，因為計劃的要求委員都必須簽署保密協議，計畫辦公室本身也肩負著保密的義務與責任。

若有顧問公司跟您說：我認識某某委員，所以計畫交給我，一定會過，類似這種說法，都算是欺騙的行為。若不是欺騙，那也是遊走在法律邊緣的行為。再者，政府補助案除非是齊頭式補助，否則不可能有一定通過這樣的字眼，因為就算是計畫辦公室也都無法一定保證會過案，若是敢私底下保證，就代表該計畫有舞弊之行為。長遠來看，若公司透過走後門的關係讓計劃通過，萬一計畫舞弊行為被揭露，那麼都會有相對應的法律責任需要去承擔。

因此本公司，在過案率以及顧問輔導服務上，我們都不會說一定會在某次計劃過案，因為這都是不符合計畫規範的常理。我們的協助是建立在大量的經驗並且將其規模化、制度化，並且轉換成實務的執行方案，進而提高每年的過案率。

因此我們建議在選擇輔導顧問公司的時候，選擇最適合您的需求為主的顧問公司。我建議選擇願意跟公司一起成長的顧問公司，會是比較好的選項，因為這個過程中，雙方的合作關係以及了解的程度會加速未來整個計畫的執行過程，未來在計畫的執行上會越來越輕鬆。因為政府補助並不是只能送一次，對公司而言是可以連續申請的。

【C】營業秘密的外洩風險與因應

顧問公司的責任就是建立起完善「保密」政策，確保客戶關鍵技術資料安全性。建立起完善的保護與分級策略，以及資料風險因應措施。我們的執行經驗分享說明如下

補充營業秘密保護法

尤其政府補助中，我們會取得「個人資料」、「營業秘密」、「公司營業資料」等，這些資料都是您的重要資料。尤其營業秘密，更是多年花費心血累積的結晶，若因委託顧問公司不慎，造成檔案外洩，均有可能造成不可彌補的影響。

因此對於資訊安全是我們顧問公司必須做的事情，也是我們應盡的責任。

委託顧問公司時

① 簽屬保密協議。

② 確認該公司保密管理制度。

③ 是否具有智慧財產權的管理意識。

④ 是否有資訊安全相關保險。

⑤ 撰寫人員是否為該公司之人員。溝通上是否順利？撰寫配合度是否高？

因本公司接洽對象有些為國際級企業或上市櫃公司，或是半導體材料、原料藥研發之補助案。這些含金量高的技術案。為滿足這些客戶之專業保密需求，本公司每年均有進行相關資訊安全保護措施。

舉例來說

① 【事前預防】申請專利，持續研究安全與保密的制度。

② 【執行防範】公司持續開發獨立作業系統。

③ 【執行防範】分級、分權管理客戶資料

④ 【事後補救】資訊安全險

目前，我們也開始將資訊安全觀念，傳遞給我們服務的中小企業、向下紮根。在服務的過程中，我們同樣也會根據客戶提供資料的方式、公司結構，給予建議，進行資訊安全的基礎管理與規範。

對您而言

當您的研發秘密外洩時，該如何防範？

我們的實務經驗建議：

【明確盤點與分析】

【與專利師事務所討論，進行風險評估】

【確認損失或後續狀況，建立護城河】

【按照規畫進行步驟】

四、我們如何幫助企業爭取到政府補助？

2022 年完成的績效

本公司每年 1 月都會更新去年度的目標績效。都可以到本公司的官網上查閱，目前最新的績效指標如下：

【A】政府補助服務

在輔導廠商總數達 110 家，其中有 70% 為中央類型補助案，而 30% 為地方類型補助案。委外媒合件數為 32 件，期間更產生總共 660 萬以上的經濟價值。輔導通過廠商的通過計劃總金額為 1.2 億。

政府補助服務

110家

輔導廠商總數

2022年度輔導廠商總數

1.2億

通過計畫總金額

2022年度輔導通過廠商通過計畫總金額

32件

委外媒合件數

此為媒合總件數，媒合產生總共660萬以上經濟價值

【B】客戶服務，有口皆碑

與本機構合作之客戶平均進行2-3個案件，時間平均為2年。其中，包含新創企業、小型企業、中型企業以及中大型企業。最久客戶服務時間為3-4年，長期合作至今共有6-8案。

各行各業，各種規模
客戶服務，有口皆碑

3年 **最久客戶服務時間**
長期合作逾三年共有4案

2~3個案件 **客戶服務周期為2年**
與本機構合作之客戶平均進行2~3個案件時間平均為2年

4類 **服務客戶公司規模**
包含新創企業、小型企業、中型企業及中大型企業

20 %

新創企業

5 人以下公司

35 %

小型企業

20 人以下公司

35 %

中型企業

21 ~ 200 人公司

10 %

中大型企業

200 人以上公司

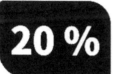

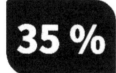

【C】專案客戶服務

我們在各種計畫可能發生之風險與問題，提前掌握與佈局，確保過案順利。每案平均提供服務人數 6 人；專案負責業務 4 位；每案平均投入時數 500 小時；核銷過程會議總計 400 場；北中南顧問服務總計里程數 20 萬公里；橫跨 40 種專業領域，並擁有 100% 的結案達成率。

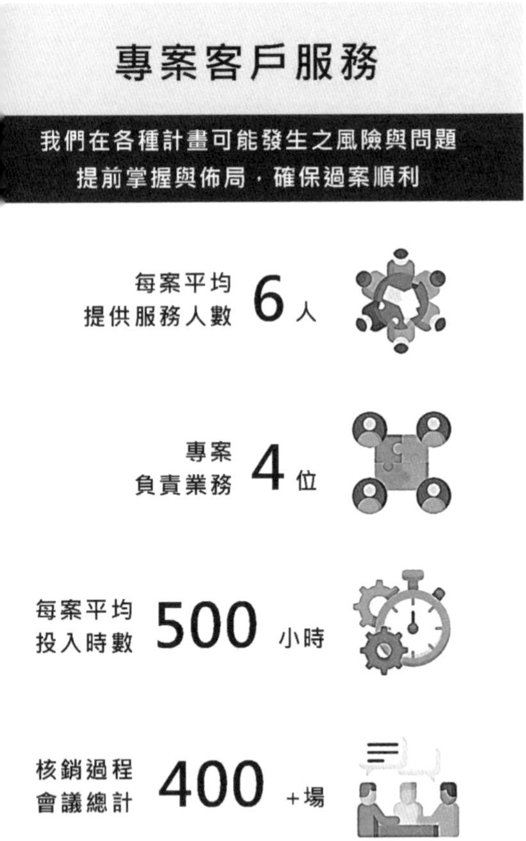
專案客戶服務
我們在各種計畫可能發生之風險與問題
提前掌握與佈局，確保過案順利
每案平均
提供服務人數 6 人
專案
負責業務 4 位
每案平均
投入時數 500 小時
核銷過程
會議總計 400 +場

北中南顧問服務
總計里程數

20 萬公里

橫跨各種
專業領域

40 種類別

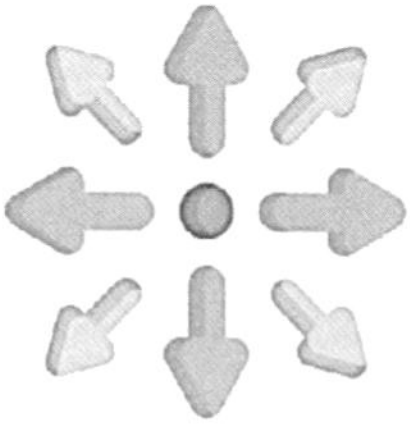

結案達成率

100%

【D】課程部門

本機構之教育中心制度完備，服務效率高，上班時間每通電話 5 分鐘內完成接聽，即時回覆介乎需求。在 2022 年度成功開始 20 堂以上的課程，授課人數超過 600 位，而學員認證的考取率為 90% 以上。課程內容獲得 95% 以上的學員滿意。

課程部門

本機構之教育中心制度完備

服務效率高，上班時間每通電話 5 分鐘內完成接聽

即時回覆您的需求！

2022年度累計
成功開設

20+

堂課

2022年度累計
授課學員人數

600+

位

學員滿意度

95%

以上

學員認證
考取率

90%

以上

五、我們的理念與願景，與台灣企業從臺灣走向國際

我們公司的理念，最主要是希望可以幫助台灣企業，透過政府支持及肯定，爭取到政府補助把專案研發完成後。在市場上發光發熱。

我們是海島型國家，出口是我們台灣發展的重要經濟的動力，但我們企業界在BtoB行銷上偏弱，因此政府透過台灣精品獎及各項活動，讓台灣產品推向國際舞台。

而本公司也積極響應此作法，我們也將客戶過往研發完成成功的商品，可透過我們目前在國際上布局與資源，推廣到國際上各國市場，目前以日本、馬來西亞、印度為主，我們提出以下幾種服務方案

第一種，我們提供客戶端國際曝光服務。

因為本公司除補助案以外，我們對於B to B市場的業務推廣具有豐富的．因為我們

產業性質的關係，所以我們可以理解各種產業各種需求也因此我們在媒合上經常碰撞出不一樣的火花。且這服務在 2023 年期間，規劃都是免費提供。

第二種。不只深根台灣更放眼世界

此外，本公司是台灣第一家在日本、馬來西亞設立辦事處的補助案顧問服務公司。除在當地提供該國政府補助顧問、課程等服務外，在服務上我們協助許多客戶在日本設立辦事處成立公司接洽當地通路商經銷商，協助客戶商品在當地可以上市。同時我們也協助日本等國家的當地夥伴協助做各種市場調查反饋意見，幫助我們台灣的企業可以更接地氣，發展適合當地產品或服務。

第三種 以顧問公司的身分，建立與累積全世界各國家通路與人脈。幫助台灣的中小企業快速在當地發展茁壯。

以公司協助客戶的經驗及服務彈性，我們可以幫助各種產業的中小企業，在當地進行業務的推廣。每種國家都會因為當地不同的文化習慣不同的因素。且因不同產業及產品，需要做業務上不同的行銷方案。這也是我們希望透過政府的資源以及力量。協助企業推廣的服務與目標。

國家圖書館出版品預行編目(CIP)資料

政府企業補助 申請教戰手冊 : SBIR、CITD、SIIR、IMDP 補助申請成功策略/余偵閱作. -- 一版. -- 臺北市 : 速熊文化有限公司, 2023.08
190 面 ; 14.8 x 21 公分

ISBN 978-626-95037-9-7(平裝)

1.CST: 企業 2.CST: 補助款
553.6 112013265

政府企業補助 申請教戰手冊

——SBIR、CITD、SIIR、IMDP 補助申請成功策略

作者：余偵閱
出版者：速熊文化有限公司
地址：臺灣臺北市中正區忠孝東路一段 49 巷 17號 3 樓
電話：(02)3393-2500
出版日期：2023年8月
版次：一版
定價：台幣 350
ISBN：978-626-95037-9-7
台灣代理經銷：白象文化事業有限公司
401 台中市東區和平街 228 巷 44 號
電話：(+886) (04)2220-8589 傳真：(+886) (04)2220-8505

法律顧問：誠驊法律事務所 馮如華律師